ちくま新書

武器としての情報公開

——権力の「手の内」を見抜く

日下部聡
Kusakabe Satoshi

1366

武器としての情報公開
——権力の「手の内」を見抜く

【目次】

はじめに　009

第1章　石原都知事を追及する　015

都知事選を左右してきた「情報公開」／人脈のないスタート／初めての情報公開請求／文書の束と格闘する／「知事の友達ばっかりじゃないですか」／豪華な海外視察と知事の椅子／2万9000円の焼酎と新銀行問題／「非常勤知事」と危機管理／側近副知事の「観光旅行」／「キミか、あのくだらん記事を書いているのは」／受け継がれたバトン／新聞・テレビが動き出す／なぜ石原知事は辞職に至らなかったのか／「制度」の威力／「情報のないこと」がニュースになる／誰でも権力者と対等の立場に

情報自由法と英国❶　議会史上最大のスキャンダル　059

英国議会を揺るがした1本の情報公開請求／情報公開請求に激しく抵抗した議会／「権力をこじ開けることができる唯一の道具」

第2章　特定秘密保護法案の裏側――情報公開で「秘密」に対抗する　069

「秘密」に情報公開で対抗してみよう／特定秘密保護法とは何か／発端は00年の米国の要請／初めて法案化に着手したのは民主党政権／各省庁に開示請求をする／段ボール箱20個4万枚の文書／見えてきた重要な記録／政府内部から「この法案は必要なのか？」／法務省や警察庁からも異論／法の危うさを認識していた内調／外部からの批判を意識していた官僚たち／膨大な文書から5本の記事が生まれた／ソーシャルメディアで拡散した「のり弁」／「のり弁」を生む、上から目線の条文／警察官僚との対話／特定秘密も情報公開請求できる

情報自由法と英国❷ 軍事情報を明るみに 102

核兵器のずさんな管理をあばく／裁判を起こして報告書を入手／ジャーナリストと権力のパワーバランス／NGO発の「特ダネ」／調査の責任者は弁護士／情報公開請求は「戦略の一部」／英国民主主義の層の厚さと底力

第3章 憲法解釈変更の「検討記録なし」をあばく――安保関連法案と内閣法制局 113

「反対意見なし」に疑問を抱く／内閣法制局に情報公開請求をしてみる／会議録のようなものは「ないですね」／公文書管理法違反ではないか／過去の記録を公文書館で調べる／「事案

が機微であるほど記録には残さない」／「意見はない」という紙が1枚だけ／憲法解釈変更を担当した参事官／取材に応じなかった横畠長官／予想外の反響／吉田さんからの情報提供／決裁日は「5月0日」／「記入を失念した」と法制局／それでも不自然な「公文件名簿」／ファイルに埋め尽くされた部屋／障害児に教えられた「自由」の素晴らしさ／障害者予算を知りたくて情報公開請求／「国民それぞれが情報公開請求すれば社会は変わる」

情報自由法と英国❸ 機能する歯止めとチェック 149

英国は必ずしも情報公開先進国ではない／すべてのメディアが情報自由法を擁護／独立性の高い監視機関／専門家の層の厚さ／オンラインのシステムが生み出す可能性

第4章 個人情報の使われ方と使い方 169

「自己情報開示」という仕組み／Tポイントカードの情報を請求／コーヒー、炭酸水、ヨーグルト…／自分の住民票に誰がアクセスしたか／所得税の情報は？／運転免許証の情報請求に「構える」警視庁／「存否を明らかにしないで、開示請求を拒否します」／マイナンバー制度のチェック機能／身を守る手段にもなる自己情報開示／スキミングでカード情報を盗まれた？／図書館の入退館記録で「無実」を証明／「マイナンバー国家」エストニアの発想

第5章 情報公開制度とは？ 195

情報公開制度を持つ国は115カ国／民主主義の根幹としての「情報の自由」／日本では自治体が先行／日本では自治体が先行／情報公開は義務／開示を拒否されれば争える／情報公開請求の手続きはこう進む

資料編 調査に使える公開情報 217

あとがき 245

参考文献一覧 251

はじめに

2017年から2018年にかけて日本の政治を揺るがし、本稿執筆時点でなおくすぶり続けているスキャンダルのほとんどが、情報公開に関係していると言ってもいい。安倍晋三首相を支持していた人物の経営していた学校法人「森友学園」に格安で国有地が売られ、その経緯を記した文書が「廃棄」されたり、改竄《かいざん》されたりしていた。防衛省は陸上自衛隊の南スーダン国連平和維持活動（PKO）の日報を隠蔽し、当時の稲田朋美防衛相が辞任する事態にまで発展した。

やはり安倍首相の友人が経営する「加計学園」の大学獣医学部新設をめぐっては、幹部官僚が「総理のご意向」「首相案件」と言っていたという記録が公開されながら、当事者たちは「記憶にない」と不自然な説明を繰り返した。

存在していた公文書をなかったことにしたり、仕事で使った文書なのに「個人メモ」として非公開にしたり、挙句の果てには公文書を改竄したり、今起きていることはあまりにもひどい。こんなことが繰り返されれば「役所の記録なんてウソかもしれない」と人々は疑うようになり、行政や政治へのニヒリズムが蔓延する恐れがある。今の世代だけでなく、何十年、何百年後の人々にも悪影響を及ぼすだろう。

だが、本書の目的は、こうした現状を嘆くことでも、ただ批判することでもない。

森友問題の発端は、大阪府豊中市議会の木村真《きむらまこと》議員の情報公開請求だった。PKO日報問題も、ジャーナリストの布施祐仁《ふせゆうじん》氏の情報公開請求が引き金となった。よどんだ沼に情報公開請求という石が投げ込まれ、その波紋が大きなうねりとなって権力を揺るがしたのだった。

もう少しさかのぼれば、舛添要一・前東京都知事も高額な海外出張費などが批判を浴び、最後は政治資金の公私混同問題で辞任に追い込まれた。この問題に火を付けたのは、舛添氏が公用車で神奈川県湯河原町の別荘に通っていたことを暴いた2016年4月の週刊文春(5月5日・12日号)の記事だった。これは都への情報公開請求で得た公用車の運転日誌をベースにしていた。

一連の問題は、情報公開制度があったからこそ問題化したともいえる。請求があれば政府や自治体は情報を公開しなければならない。公開が原則で非公開は例外なのである。だからこそ、隠蔽や改竄の悪質さが際立つのだ。

情報公開制度の根底にあるのは、政府や自治体の持つ情報は公務員が税金を使って集めたものであり、政府や自治体の所有物ではなく、国民と共有されるべきものだという考え方である。民主主義の根幹をなす制度と言ってもいい。

そして、もう一つ重要なのは、この制度はジャーナリストだけではなく、すべての人々に開かれているということだ。誰もが制度を「武器」として使い、情報を手に入れて政府や自治体と対等に渡り合うことができる可能性を秘めているのである。

情報公開制度は、自治体では1980年代から、国では2001年から導入されている。「情報公開が不十分だ」「もっと情報公開を」といった決まり文句はメディアを含め、あちこちで叫ばれるようになった。だが、実際にどのような情報が公開され、それによって何が分かり、分からないのかを私たちは具体的に検証してきただろうか。

もしかすると、せっかく制度は整備されているのに、国民の側が十分な関心を払ってこなかったのではないか。その帰結が、情報公開や公文書管理をないがしろにしているとしか思えない昨今の政府の態度なのかもしれない。

私たちがしなければならないのは、「公開が当たり前」という雰囲気を社会に作り出すことではないだろうか。政治家や官僚に、国民と情報を共有する価値を理解してもらうことではないだろうか。それは、ジャーナリズムの力だけではおそらく、成し遂げられない。

本書は、記者として取材に情報公開制度を手探りで活用してきた著者が、そのノウハウや反省点を明かし、誰でも工夫次第でさまざまな調査や研究ができることを伝えたいと考えて書かれたものだ。そのため、情報公開制度だけではなく、ウェブサイトなどで公開されていて誰もがアクセスできる有用な情報源についても資料編としてまとめた。

また、興味が高じた筆者は２０１６年から２０１７年にかけて英オックスフォード大のロイタージャーナリズム研究所に研究員として留学し、英国の情報公開制度が主に報道にどう活用されているかを調査してきた。そこには日本と共通する課題もあれば、学ぶべき点もあった。何かのヒントになればと考えて、当地の事情をコラムとして盛り込んだ。

ＢＢＣのベテランジャーナリスト、マーティン・ローゼンバウム氏は私のインタビューに、こう語った。「情報公開では生の資料やデータが得られます。それは誰かの言葉の引用ではなく、権力者たちの意見でもない。事実よりも価値観や感情が重視される最近の『ポスト真実』（post truth）と言われる状況の中で、色のついていない一次資料を入手できる情報自由法（情報公開法）の重要性は、ますます高まっていると思いますね」

報道関係者、研究者、学生、そして社会や地域のことについて何か調べたいと思っているすべての人たちに、本書が少しでもお役に立てば幸いである（文中の肩書きや年齢はいずれも取材当時。本文に出てくる毎日新聞の記事は原則として東京本社発行版に基づく）。

第1章 石原都知事を追及する

都知事選を左右してきた「情報公開」

２０１６年春、東京都の舛添要一知事は厳しい批判にさらされた。発端は同年４月、日本共産党都議会議員団が、舛添知事の海外出張費が高額だと指摘したことだ。共産党都議団は情報公開請求で入手した都の文書をもとに、２０１４年２月の知事就任以降、パリ、ロンドン、ニューヨークなど計８回の海外出張経費の平均額が２６６３万円で、宿泊費はいずれも条例の上限を超えていたことなどを発表し、それを新聞やテレビが報道したことで世論に火がついた。

このニュースを、週刊誌「週刊文春」がさらに深掘りした。やはり情報公開請求を使い、知事公用車の運転日誌や舛添氏の政治団体の政治資金収支報告書を入手して、公用車で都庁から約１００キロ離れた神奈川県湯河原町の別荘を48回往復していたこと、政治資金を家族旅行の宿泊費や私的な飲食に使っていたことなどを暴露。都民・国民からは「公私混同」と激しい批判が浴びせられ、舛添氏は２０１６年６月、辞職に追い込まれる。

そして、舛添氏辞任に伴う知事選で小池百合子氏は「東京大改革」を公約に掲げて圧勝した。その改革の「一丁目一番地」に据えたのが「情報公開」だった。

知事の辞職には至らなかったという違いはあるものの、私には既視感があった。1999年4月から2012年10月まで知事を務めた石原慎太郎氏もまた、情報公開請求で公開された公文書がきっかけで公私混同が問題化していたのだ。

初当選と2期目の知事選を圧勝した石原知事が、初めて逆風にさらされたのが、3選を目指した2007年の都知事選だった。理由は高額な知事交際費や海外出張費、四男の厚遇などの「都政私物化」問題。危機感を覚えた石原氏は選挙戦で「反省」を前面に出し、「情報公開」を掲げた対抗馬、浅野史郎・元宮城県知事を振り切った。

ただ、それ以降、石原氏は、それまで関心を持っていなかった知事交際費や海外出張費のネット公開をするようになり、それ以降の知事にも引き継がれている。[1]

その源流は、毎日新聞社の週刊誌「サンデー毎日」が2004年1月18日号から6回にわたって連載した「石原慎太郎研究」という記事にある。

1——東京都ウェブサイト「知事の部屋」の「海外出張・交際費」に公開されている。

人脈のないスタート

2003年の秋。「石原慎太郎・東京都知事は週に2〜3回しか都庁に来ない」という話をどこかで聞きつけたサンデー毎日の広瀬金四郎《きんしろう》編集長が「これを入り口にして、石原知事の追及キャンペーンをやろう」と言い出した。当時、私はサンデー毎日編集部の記者だった。「日下部さん、ちょっとやってくれる?」。たまたま手の空いていた私に仕事が回ってきた。「やらされ感」のあるスタートであった。

石原氏は当時、2期目の知事選を圧勝したばかり。最も勢いがあった時期といってもいい。「硬派の雑誌ジャーナリズム」を編集方針に掲げていた広瀬編集長はあえて、そこに切り込もうとしたのだった。

広瀬さんは尊敬する先輩記者の一人だ。

社会部記者の経験が長く、政財界に切り込む調査報道を得意としてきた。瘦身に白髪交じりの長髪。メガネの奥で光る鋭い目。原稿が気に入らないと容赦なく書き直しを命じた。サンデー毎日編集長時代はかなり穏やかになっていたが、社会部デスクだった時は、しょっちゅう記者を怒鳴りつけていたという。

その一方で戦争の悲惨さを説き、映画を愛する繊細な人でもあった。サンデー毎日の最後のページにある「編集長後記」で記事を紹介する時は、担当した記者のことを「部下」や「編集部員」ではなく、必ず「同僚記者」と表現した。社内では畏怖と親しみを込めて「ヒロキン」と呼ばれていたが、編集長を退き、新聞に戻って編集委員をしていた2008年、胃がんのため53歳の若さでこの世を去ってしまった。

今も、さまざまなテーマを取材しながら「広瀬さんならどう言うだろう」と時々思う。そういう人から命じられた以上、何かモノにしなければならない。広瀬さんと話し合い、とりあえず方向性だけは決めた。

石原知事が99年に初当選して以来、新聞・テレビだけでなく週刊誌までもが、石原知事を「ポスト小泉（純一郎首相）」をめぐる政局のキーマンか、国政に関する「ご意見番」的な位置づけで取り上げることが多くなった。都政に関しては、銀行への外形標準課税[2]やディーゼル車規制など、石原知事が打ち上げる政策についての報道は目立ったが、知事がふ

2――大手銀行に批判的だった世論を背景に00～03年度、都は大手銀行に独自の銀行税を課した。外形標準課税は、利益ではなく資本総額や売上高など外形的な事業規模に応じて課税する方法。赤字企業にも課税できる。

だん、どのような働き方をしているのかについての記事は見当たらなかった。

石原知事を批判的に取り上げる報道もあったが、それは「三国人《さんごくじん》発言[3]」など、石原知事の言動や背後にある思想を問題視するものがほとんどであった。それは必要なことではあるだろう。しかし、過激な発言にばかりとらわれた批判を繰り返すほど、逆に彼の「大物感」を増幅させてしまう面があるのではないか。もっと冷静に、他の都道府県知事と同じ指標で検証する必要があるのではないか――。

とはいえ、何から手をつけたらいいのだろうか。私は都庁を担当したことはなく、都政関係者にまったく人脈がなかった。途方に暮れた。

当時、サンデー毎日によく寄稿していた地方自治ジャーナリストの葉上《はがみ》太郎さんが、たまたま編集部に来ていたので相談したところ、「とりあえず情報公開請求してみたら」と言われた。「週2～3回しか都庁に来ない」ことを立証するための知事の勤務日程表に加え、住民が自治体首長の活動をチェックする時によく使われる指標、つまり「交際費」「旅費」「公用車の運転記録」を一緒に開示請求してみたらどうかとのことだった。

なるほど。ほかにあてもないのでやってみるか――。とはいえ、それまで情報公開請求などしたこともなかった。制度があることは知っていたし、市民オンブズマンなどが情報公開請求を使って自治体の公金の使い方を調べていることは記事にもなっていたが、自分で取材に使うという発想はなかった。具体的にどうしたらいいのかわからなかった。

勤務日程表や公用車の運転記録は、その通り請求書に書けばいいのだろう。交際費については、家計簿のように現金の出入りを記録した「現金出納簿」というものがあることは、過去の記事で読んだことがあるので知っていた。問題は出張旅費だった。とにかく都庁に行ってみることにした。

初めての情報公開請求

東京都庁第一本庁舎。1991年に完成した丹下健三設計による鋭角的なデザインの48階建てビルは、荒天の日には上のほうが雲の中に隠れてしまうほど高い。新人記者研修で93年に初めてここへ来た時、まだ新しい会議室で毎日新聞の都庁キャップ（自社の都庁担当記者を束ねるベテラン記者）が「タックス・タワーへようこそ」と真顔で私たちを迎え、

3――2000年に陸上自衛隊の記念行事の挨拶で石原知事が「東京では不法入国した多くの三国人、外国人が非常に凶悪な犯罪を繰り返している」などと述べ、国内外で問題化した。「三国人」は第二次世界大戦前から戦後の一時期にかけて日本在住の台湾人や朝鮮人を指す言葉だったが、差別用語であるとして使われなくなった。

横で都の広報担当官が苦笑していたのを思い出す。その3階にある「都民情報ルーム」を、初めての情報公開請求のために訪れたのは、03年11月13日のことだった。

広いフロアには、都が発行する資料や出版物が図書館のように並んでいる。その片隅に「情報公開コーナー」というプレートのかかったカウンターがあった。誰もいない。情報ルームの案内係の女性職員に「情報公開請求をしたいんですが」と声をかけると、しばらくして、どこからか別の女性職員がやってきた。情報公開制度を所管する生活文化局の人だという。「知事の出張旅費の使い道の分かる文書を見たいんですが、どんなものがありますか」。役所にとっては面倒な話だから、煙たがられるのだろうと思っていたら、意外にも対応は親切だった。「それでしたら『事案決定原議』とか『旅行命令簿』といった文書がありますね」。こまごまと説明を受け、助言を受けながら、その場で開示請求書を書くことにした。

結局、この日は知事と副知事について次のような文言で情報公開を請求した。

▼交際費現金出納簿
▼日程表

第１号様式（第２条関係）

開示請求書

年　月　日

東　京　都　知　事　殿

開示請求者　氏　　名
郵便番号
住　　所

電　　話
〔法人その他の団体にあっては、その名称、事務所又は事業所の所在地及び代表者の氏名〕

連絡先　氏　　名
電　　話
〔法人その他の団体の担当者その他連絡可能な方を記載してください。〕

東京都情報公開条例第６条第１項の規定に基づき、次のとおり開示請求をします。

1　開示請求に係る公文書の件名又は内容	
2　開示の区分（希望する開示方法を○で囲んでください。）	1　閲覧 2　視聴 3　写しの交付
3　備　考（記載しないでください。）	受付年月日　　年　月　日 受付課

（日本工業規格Ａ列４番）

東京都の情報公開請求書

▼公用車運転日誌
▼国内・海外出張に関する書類（事案決定原議、旅行命令簿、旅費内訳、復命書、旅費以外に出張に要した費用の金額、使途、支払先が分かるもの）

時期は、石原知事が最初に就任した99年4月23日から、請求当日の03年11月13日までと指定した。また、知事だけでなく副知事についても同じ文書を請求したのは、当時の副知事の1人、浜渦武生《はまうずたけお》氏の動向を知りたいと思ったからだった。浜渦氏は石原氏の衆院議員時代の秘書で、石原氏自身が「腹心」と呼んではばからなかった人物だ。石原氏の側近中の側近であり、都庁官僚出身の副知事とは出自も立場も違った。

情報公開担当職員には「後で補正をお願いするかもしれません」と言われた。ここは情報公開の窓口であって、すべての文書を把握しているわけではないという。窓口の職員は実際に文書を管理している部署との橋渡し役なのだ。たとえば、当時知事交際費は知事本部（現・政策企画局）、公用車の運転日誌は財務局が管理していた。ほしい文書がはっきりしていれば、直接担当部署に情報公開請求することも可能だ。

実際、数日後に電話があり、補正を求められた。出張に関する書類についてより具体的に書いてほしいという趣旨だったと記憶している。職員の助言に従って、11月20日付で出張関連の文書の請求書を次のように書き直して再提出した。

▼随行員の所属・氏名が記載された名簿、一覧
▼知事・副知事・随行員の旅行命令簿及び旅費内訳
▼出張復命書
▼知事・副知事について、旅費以外に出張に要した金額、使途、支払先がわかるもの

都の情報公開条例では、請求があってから14日以内に開示や不開示の決定をしなければならないことになっているが、量が多いとの理由で延長され、実際に開示されたのは12月4日だった。無制限に開示を先延ばしにできないよう、延長できる場合の条件も条例に定められている。結局、保存期間が過ぎていたものを除き、請求した文書のすべてが開示された。

文書はA4判コピー用紙の空き箱ほぼ3箱分になった。郵送してもらうことも可能だが、「開示を受けた」という実感がほしかったので、あらかじめ電話で量を聞いて、キャリー

カートを持って窓口まで受け取りに行った。手数料は総額で8万数千円かかったと記憶している。記事を書くための開示請求なので会社の取材経費で処理したが、個人でやろうと思ったら、この手数料負担が壁となって立ちはだかっただろう。

当時の東京都の情報公開条例は使い勝手の悪いものだった。他の自治体ではほとんど例のなかった閲覧手数料（文書1枚あたり10円）を取っていたほか、コピー代は他の46道府県の倍である1枚20円だった。仮に10枚の公文書のコピーを手に入れようと思えば、他の道府県なら100円で済むところを、300円かかる計算だった。

この制度は、「東京大改革の一丁目一番地は情報公開」と訴えて当選した小池百合子知事が2017年に情報公開条例の改正を打ち出すまで続いた。同年7月の条例改正で閲覧手数料は廃止され、コピー代は1枚10円に値下げされた。また、小池知事は同年1月に「紙による対応から、電子データによる対応にシフトしていく」と記者会見[4]で述べ、10月からは請求に応じて公文書を電子データのままオンラインで提供する「公文書情報提供サービス」も始まった。

紙の文書を前提にした情報公開は世界的には時代遅れであり、小池知事の掲げた方針はそれに沿ったものといえる。ただし、「公文書情報提供サービス」は条例に基づく情報公開ではなく、位置づけが中途半端であるし、築地市場の豊洲新市場への移転の経緯を示す記録がなかったことも発覚するなど、そもそも情報公開の基盤が未整備ともいえる実態がある。掛け声倒れに終わらないか、注視する必要がある。

文書の束と格闘する

さて、話を15年前に再び戻そう。

２００３年の暮れ、私は大量の紙の束を編集部に持ち帰ったはいいが、またも途方に暮れてしまった。

大半を占めていたのは出張に関する文書で、旅費の額が記された書類だけでも数種類あった。しかも知事本部（現・政策企画局）だけでなく、産業労働局や環境局など複数の部局から、同じ出張について同じような書類が提出されているケースもあった。どこをどう見たらいいのかさっぱり分からず、とりあえず後回しにすることにした。

最も分かりやすかったのが知事交際費の現金出納簿だった。「マハティール様」「徳田虎

4——都庁ウェブサイト「知事の部屋」記者会見２０１７年１月６日。

雄様」「米長邦雄様」――「接遇」つまり接待相手として著名人の名前が並んでいた。マハティール氏はマレーシアの首相、徳田虎雄氏は衆院議員で徳洲会病院の創設者、米長邦雄氏は将棋の名人で東京都教育委員も務めていた米長氏であろう。現金出納簿には氏名しか書かれていなかったので、同姓同名の別人の可能性が全くないわけではないが、これだけ著名人の名前がそろっているのだから、本人の可能性は高い。民間人や国会議員のほか、都議会議員の名も目立った。「石原知事の華麗なる人脈が分かった」とは思ったが、すぐに記事になるとも思えなかった。

次にやってみたのは、知事の日程表と公用車の運転日誌の突き合わせだ。食い違いがあればどちらかにウソがあることになり、直ちに記事になる。しかし、日程表がアバウトすぎた。日程表には「庁外」とだけ記され、知事がどこで何をやっていたのか分からない日が多かった。その日に公用車を使っているケースも少なくなかったが、何のために使ったのかは、文書からは判断しかねた。

記者クラブに配られた知事の日程表を毎日新聞の都庁担当記者に見せてもらい、情報公開請求で入手した日程表との突き合わせもしてみた。報道機関には公表していない日程や、内容の食い違いがあるかもしれないと思ったからだ。しかし、まったく同じ文書だった。

「年明けから特集を組むぞ」と言ってくる編集長と、輪郭の見えてこない公文書の山の間で板挟みになっていた重苦しい気分を今も思い出す。

「知事の友達ばっかりじゃないですか」

突破口は、専門家に相談したことで開けた。

1999年から情報公開制度をはじめ市民の知る権利に関係する制度の調査研究を続けてきたNPO「情報公開クリアリングハウス」の三木由希子室長（現理事長）に、交際費の現金出納簿を見せると開口一番、「今どき、こんな使い方をしている知事はいませんよ。びっくりしました」。こんなに飲食に交際費を支出する知事は最近いない、というのだ。公金の使途の透明性が叫ばれるようになり、都道府県知事や市町村長の交際費は慶弔などの儀礼のみに使われるのが主流になっていたことを、恥ずかしながら、それまで知らなかった。

「これはいけるかもしれない」。はやる気持ちを抑えられず、ふだんは取材の時、電車で移動していたのだが、その時はクリアリングハウスの事務所を出るとタクシーをつかまえて一目散に編集部へ向かった。

翌日から、取材は加速した。三木さんの助言に従って、交際費の使途の詳細を知るために、次のような文言でさらに開示請求した。

▼石原知事就任以降の知事交際費支出に関する支出命令書、領収書等、支出に伴う懇談、会合等の出席者名、人数、内容の記載された書類

だが、これらの文書が開示されるのを待っていては新年号に間に合わない。すでに入手している現金出納簿の支出があった時期に、知事と接触する機会が多かったと思われる元都幹部を名簿からピックアップし、訪ね歩くことにした。一般的に、退職した人であれば、現職よりは話をしやすいからだ。彼らの多くは都の関連団体に天下っていた。

都心のビルに事務所を構える都の外郭団体の応接室で、立派な黒い革張りのソファーから身を乗り出すように、元局長の一人が私の差し出した現金出納簿を見つめて言った。

「これは驚いた。知事の友達ばっかりじゃないですか。公私混同と言われても仕方がないでしょうね」

そして、しばらく石原都政の内幕話を聞いた後、お礼を言って辞去しようとすると、元

局長はもう一度言った。「いやあ、びっくりした」

これが決定打になった。そもそも「華麗なる人脈」を公金で接待していたこと自体、問題提起になりうることだったのだ。

その後も都政関係者への取材を重ね、他道府県の事情や都の規則なども調べた。やはり石原知事の飲食への支出は突出しており、しかも相手は知事の旧知の人物が多かった。都議や国会議員、知事自らが選任した都参与ら特別職の公務員も接待しており、公務員の接待を禁じた都の交際費支出基準にも違反している疑いが浮上した。

一方、出張旅費に関する文書も、同じものを2〜3回読むうちに法則性が見えてきた。たとえば、実際にかかった費用が記載されているのは「旅費請求書兼領収書」という文書であるということ。似たような文書は数種類あったが、よく見ると予算だったり、業者による見積もりだったり、確定していない数字だった。

さらに、同じ出張に似たような文書が複数存在する理由も分かってきた。知事の出張には複数の局の職員が同行するケースが多く、それらの職員がそれぞれ旅費関連の書類や、出張の結果を所属局に報告する出張復命書を作成するためだった。

そこで、同僚に手伝ってもらい、文書の束をめくって、すべての旅費請求書兼領収書と、旅費以外にかかった経費（車の借り上げ代など）の請求書に付箋を貼り付けていった。最後はそれらを出張ごとにまとめ、電卓を叩いて経費の総額を算出した。当時はアナログな発想しかなかったが、今ならExcelを使うだろう。

豪華な海外視察と知事の椅子

その結果、豪華な海外視察の実態が浮かび上がってきた。

01年6月の南米ガラパゴス諸島視察で知事らは4泊5日のクルーズに乗船。随行の秘書や職員含め計8人で1590万円を使っていた。知事自身の乗船料金は52万4000円。旅行代理店によれば、この額は船に2室しかない最高級マスタースイート（2人部屋）を1人で使ったときの船賃ということだった。

同年9月の米国出張では、知事は夫人とワシントンのホテルに泊まったが、宿泊費として1泊26万3000円を支出。翌年10月のワシントン出張ではレンタル料1日20万8000円のリムジンを4日間借りていた。

また、取材の過程で元都幹部から「都庁のほかにも立派な『知事の椅子』がある」と教えられた。永田町に近い東京・平河町に、全国知事会や各道府県の東京事務所などが入居する「都道府県会館」というビルがある。東京都はここに、国政情報を収集する拠点が必要との理由で「事務室」を置いており、わざわざ知事専用の椅子が用意されたという。

そこで、これについても情報公開請求をしたところ、02年2月に「知事執務用」として机と椅子、ファイルキャビネットなど計80万6820円の調度品が運び込まれていたことが分かった。開示文書によると、椅子は41万6000円。「幅685ミリ、奥行き720ミリ、高さ1110~1170ミリ、ハイバックひじ付き、皮革張り。色は黒。任意位置で固定可能なリクライニング機能、強度の調節が可能なロッキング機能付き」だという。高級品である。

しかし、都庁に取材したところ、「知事が来るのは2カ月に1回程度」とのことだった。都庁から地下鉄や車で30分もあれば行ける場所に都が事務所を構えているのも驚きだったが、2カ月に1回来る知事のために、ここまで豪華な椅子を用意する必要が果たしてあったのだろうか。

2万9000円の焼酎と新銀行問題

一方、後から情報公開請求した、交際費の使途の詳細を記録した「支出命令書」や「領収書」なども追って開示された。

支出命令書は具体的にいつ、いくら、何に公金を支出したかが記録された文書。領収書は言うまでもなく、支払いを受けた側が発行するもので、飲食であれば、どこの何という店で飲食したかが分かる。

これらによって、交際費による接待の詳細が明らかになった。

たとえば05年4月18日、石原知事は自らの発案で設立した新銀行東京の仁司《にし》泰正《やすまさ》代表執行役（当時）らを交際費で接待したとの記録があった。銀行は4月1日に開業したばかりだった。場所は東京・赤坂の料亭。出席者は石原知事を含む9人で総額37万2330円。1人あたり4万円あまりの飲食だ。開示された請求書には1本2万8000円の焼酎「伊佐美」、ワインとみられる「ラトゥール」2本3万6000円などを注文したと記されていた。

知事交際費は都民の税金である。いくら何でも許容限度を超えているのではあるまいか。この伝票を見た瞬間、そう思った。そして新銀行東京は、高級焼酎やワインどころではない巨額の負担を都民に強いることになったのである。

新銀行東京の設立は、大手銀行の貸し渋りで資金繰りに苦しむ中小企業を支援するため

交際費の支出について

部長	課長	係長	担当者

使途	接遇 新銀行東京代表取締役 仁司　泰正　様　ほか					
購入物品	品名	料理等 振込手数料	単価	372,330 210	数量	
	購入日	平成17年4月18日	購入先	浅田屋伊兵衛商店株式会社		
支払月日		平成17年4月21日	取扱者氏名	長谷　克己		

分担額	知事	¥372,540	大塚副知事	
	福永副知事		兵藤特別秘書	
	濵渦副知事		高井特別秘書	
	竹花副知事			

支払金額	¥372,540
備考	

分類	接遇	500

上記のとおり処理する。

-1-

開示された交際費支出を記録した文書

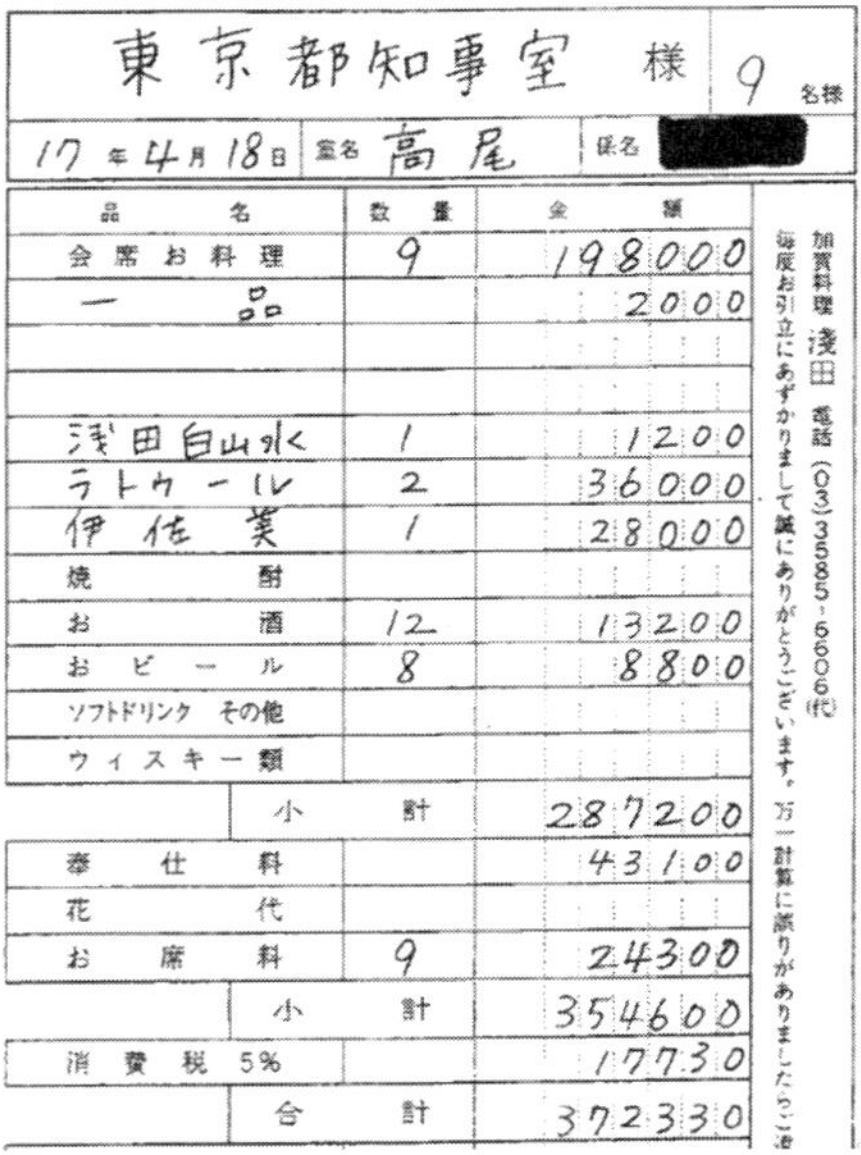
東京都知事室 様 9 名様

17 年 4 月 18 日 室名 高尾 係名 [redacted]

品名	数量	金額
会席お料理	9	198000
一品		2000
浅田白山水	1	1200
ラトゥール	2	36000
伊佐美	1	28000
焼酎		
お酒	12	13200
おビール	8	8800
ソフトドリンク その他		
ウィスキー類		
小計		287200
奉仕料		43100
花代		
お席料	9	24300
小計		354600
消費税 5%		17730
合計		372330

加賀料理 淺田 電話 (03) 3585-6606(代)
毎度お引立にあずかりまして誠にありがとうございます。万一計算に誤りがありましたらご遠

開示された料亭の請求書

に、と石原知事が2期目の目玉の一つとして掲げた政策だった。

しかし、この時期、大手行の不良債権処理は進み、貸し渋りは改善していた。業績の拡大を焦った新銀行東京は、緩い審査による融資を繰り返した結果、巨額の焦げ付きが発生し、詐欺グループの標的にすらなってしまった。設立時の出資金1000億円に加え、破綻回避のための400億円の追加出資にも税金がつぎ込まれたが、経営が好転することはなく、少なくとも850億円の都民の税金が失われた。

大手銀行への世間の批判を背に「銀行税」を課したのと同じように、石原氏は大手銀行に対抗して新銀行をつくろうとした。いわば「ウケ狙い」から出発したのである。そして、現実に即した合理的な判断ができないまま、傷口を広げてしまった。

仁司氏は経営悪化の責任を取って07年に代表執行役を辞任したが、石原知事はその後の都議会答弁で、経営悪化の責任は仁司氏ら旧経営陣にあると繰り返し、自身の監督責任を明確には認めなかった。新銀行東京は２０１６年４月に東京都民銀行、八千代銀行を傘下に持つ地方銀行グループ「東京ＴＹフィナンシャルグループ」に経営統合され、都は事実上、経営から撤退した。

振り返ってみれば、非常識な知事交際費の使い方は、新銀行の行方を暗示していたように思える。二つの問題に通底するのは、石原氏はそもそも、税金は都民のものであるという発想に乏しかったのではないかと思わせるところだ。

「非常勤知事」と危機管理

知事の日程表をカレンダーに落とし込んで「出勤簿」を作ってみた。その結果、都庁に来るのは平均して週に3日程度であることが判明し、「週2〜3日しか来ない」という当初の情報は裏付けられた。日程表はとにかく余白が多かった。公用車の運転日誌によれば、登庁する日も、自宅を出るのはたいてい午前10〜11時ごろ。登庁しても1日の予定は数件、都庁の滞在時間は2〜3時間という日が目立ち、長期休暇も多かった。

片山虎之助元総務相（現・日本維新の会共同代表）は自民党の参院幹事長だった2005年、講演で、石原氏のこうした働きぶりを「非常勤知事」と皮肉ったことがある。

都は知事日程表を1年保存と定めていて、入手できたのは請求の前年度以降、2002年4月〜03年11月の1年7カ月分だった。この間、石原知事が出勤したのは266日、休暇・休日は216日。これ以外に「庁外」とだけ記された日が110日もあった。

この「庁外」とは何なのか、知事の日程を管理する秘書課長に尋ねると、「『日程を入れないでくれ』と言われた日ですね。その時に知事が何をしているのかは把握していません」との答えだった。もしその時に大災害が発生して携帯電話も通じなくなったら、所在不明の知事とどう連絡を取るのだろうか。秘書課長は「警護のSPの警察無線があるので、最悪でも連絡はつきます」と答えた。

しかし、これでは直接都庁から連絡を取るのは難しいだろう。1200万都民の命を預かるトップとしては、あまりに心もとない体制だった。

石原氏の大学時代からの親友によれば「石原は世間のイメージと違ってデリケートで体力もあるほうじゃない。充電する時間がいる」とのことだった。実は、同じ印象を持つ都政関係者は多く、「記者会見が終わって執務室に引き上げると、知事はいつもぐったりしていた」という元幹部の証言もあった。

もちろん知事にも休息は必要だろう。だが問題は、公人中の公人であるにもかかわらず、庁外と称する動静不明の日が年に110日もあったということだ。他の道府県の例も調べたが、当然ながらこんなことはなく、石原知事の異常さが際立った。

側近副知事の「観光旅行」

石原氏の腹心だった前述の浜渦元副知事についても、興味深い文書が開示された。06年9月、副知事を退任して都参与となっていた浜渦氏はイタリアのベネチア、チェコのプラハ、オーストリアのウィーンの3都市を7日間かけて回る出張に出かけた。

開示された文書によると、目的は二つあった。一つは、ベネチアで開かれた「ラ・ビエンナーレ国際建築展」のシンポジウムに知事代理として出席して、他の大都市の首長等と意見交換をすること。もう一つは、東京五輪の招致活動などに生かすため、「水辺空間の魅力の向上における世界的な好事例である3都市について、景観形成の手法、水辺空間の利用状況等を実地に調査・視察する」ことだった。

ところが、その派手な目的とは対照的に、出張の結果を都庁に報告する「出張復命書」の成果報告にあたる部分は、12枚のスナップ写真が並んでいるだけだった。プラハ城やドナウ川など美しい風景をバックに浜渦氏が写っており、「ウィーン市内視察の様子」など、わずかなキャプションが添えられている。まるで記念写真のアルバムだ。そのほか、ランチ付きの遊覧船（1人約4500円）や大観覧車（1人約1000円）の領収書なども開示された。

その上、復命書のどこを読んでも現地の行政関係者と接触した形跡はない。同行した都幹部に問い合わせたところ、次のような答えだった。「行政関係者とは接触しませんでしたが、現地の行政にも詳しい日本人の通訳兼ガイドを雇い、視察目的に沿うポイントを案内してもらいました」。そして、浜渦氏は取材に応じなかった。

視察に名を借りた観光旅行に限りなく近い印象を受けた。

浜渦氏は副知事時代から、都庁にあまり来ない石原知事に代わって権勢を振るったため、反感を抱いていた都庁官僚は少なくなかった。誰が見ても観光旅行と疑わざるを得ない出張復命書は、もしかしたら情報公開請求があることを見越した都庁官僚の「内部告発」に近いものだったのではないか、とも思うのだ。

「キミか、あのくだらん記事を書いているのは」

連載は04年1月18日号から「石原慎太郎研究」と題し、6回にわたってサンデー毎日に掲載された。それぞれのタイトルは次の通りだ。①「知事交際費」の闇、②公文書が示す知事の勤務実態、③都有地再開発と鹿島建設の「グレーゾーン」を検証する、④都庁職員を沈黙させる〝側近政治〟の重圧、⑤石原流「教育改革」の実像、⑥知事の交際費・海外出張費を住民監査請求へ　本紙記者　会見で知事を直撃――。

このうち①と②が、これまで書いてきたように情報公開請求で得た公文書を主な情報源として書いたものだ。③～⑥は関係者取材が中心の従来型の記事だった。連載が終わった後も、情報公開請求によって新たな事実が分かればその都度、断続的に書いた。たとえば、前述した浜渦副知事の「観光旅行」疑惑については07年2月25日号に「あの側近No.1元副知事が『ヨーロッパ漫遊7日間』765万円の大名旅行！」と題する記事になった。

2004年2月20日、連載が5回まで終わったところで石原知事の定例記者会見に出席し、知事を「直撃」することにした。都知事の定例記者会見は、都庁記者クラブに所属していない記者でも参加できるのだ。記者会見室は広く、100人くらいは入れるだろうか。

サンデー毎日の連載「石原慎太郎研究」の第１回

記者席にはテーブルとスタンドマイクがついていて、挙手をして当てられればマイクのスイッチを入れて質問をするしきたりだった。最初に手を挙げると、知事が「どうぞ」と促してきた。心の中で深呼吸をしてからスイッチを押す。

「サンデー毎日の日下部と申しますが」

「キミか、あのくだらん記事を書いているのは」

いきなり、そうきた。怒っている。待ち構えていた感じだった。サンデー毎日の記者が来ていることは事務方から伝わっていたのだろう。何をどう質問するかで頭がいっぱいだった私は気づかなかったが、後で聞いたところでは、会見場は異様な緊張感に包まれていたそうだ。やり取りはこんな感じだった。

「知事の親しい人に高額の接待が繰り返されていますが」

「親しい人間で知恵のある人間を借りてるわけですから、それをもって公私混同とするのはちょっとおかしいんじゃないの」

「知事は就任直前、『交際費は全面公開する』『公開したくないなら、私費で出すべきだ』と言っています。他の道府県のようにホームページで全面公開するようなことは考えていませんか」

「いや、公示の方法はいくらでもありますから。原則的に公示してんだからですね、それを関心のある人がご覧になったらいいじゃないですか」

「本誌は海外出張が必要以上に豪華だと指摘しました」

「必要以上に豪華か豪華じゃないか知らないけど、乗った船のイクスペンス（費用）は払わざるを得ないでしょう。（中略）何か文句あんのかね、そういうことで。ちまちました質問せずに大きな質問しろよ。ほんとにもう」

「知事が庁外にいる時に、都庁の秘書課が知事の居場所を把握していないというのは危機管理上、問題ではありませんか」

「うちにいる時はうちにいるって言ってあるよ。外で人に会ってる時は、誰と会うってことは言わないよ。連絡取れるようにしてますよ。ちゃんと。実態をちゃんと調べてから言いなさい。へたくそな私立探偵みたいに嗅《か》ぎ回らずに」

ほかの話題も含めて約20分間続いた記者会見の最後に、私は再度質問の手を挙げたが、石原知事は「もういいよ」と遮り、会見場の出口へ歩きながら「事務所に聞け、事務所に」と言って姿を消した。

受け継がれたバトン

石原知事の公費の使い方や勤務実態については当時、他のメディアも都議会もほとんど問題視せず、サンデー毎日が「独り荒野を行く」状態だった。しかし、問題意識のバトンはフィールドの違う人たちに地道に受け継がれ、3年後の知事選で世論を動かすことになる。

石原知事の海外出張が豪華ではないかと指摘した記事が出てしばらくしたころ、編集部に夜、電話がかかってきた。東京都文京区の元区議会議員、若林ひとみさんだった。「これ、ひどすぎます」と、若林さんは言った。知事の海外出張旅費について住民監査請求[5]をし、却下されれば訴訟も辞さないという。

1995年から無所属の区議だった若林さんは、観光旅行まがいの議員視察や、政務調査費[6]が私的飲食に使われていることなどをいち早く指摘し、全国の地方議員に呼びかけて「開かれた議会をめざす会」を結成するなど、地方自治や報道関係者の間では知られた人で、私も一度インタビューをしたことがあった。

数日後、文京区役所が入るビルの1階にある喫茶店で若林さんに会った。すると若林さんは、さらりと言った。「私、がんなんです」。区議を引退したのも、治療に専念するためだった。2002年に区の検診で乳がんが発見された。すでに相当進行しており、「仕事ができるのはあと3〜5年」と医師に宣告されたという。

5——自治体の首長や職員が違法・不当な公金支出や契約などをした疑いがある場合に、住民が監査委員に監査を求めることができる制度。監査委員は議会の同意を得て首長が選任する。自治体OBと現職議員が務めることが多い。住民訴訟を起こすには前もって監査請求をすることが義務づけられている。

6——地方自治法に基づき、地方議会で議員報酬とは別に議員や会派に交付される政策立案のための調査研究費。2012年の地方自治法改正で「政務活動費」と改称され、使途が「その他の活動」にも拡大された。

病身を押して住民監査請求をしようと思ったのには理由があった。それは石原知事ではなく都議会議員だった。若林さんは、都議が1996年の海外視察の際、条例で決められた宿泊料を勝手に増額して高いホテルに泊まったとして、費用の返還を求めて東京地裁に住民訴訟を起こし、2002年に若林さんの主張をほぼ認める判決が確定した。「石原知事の宿泊費も同じように増額されています。私の判決を知るはずの都議が本来、追及すべきじゃないですか。都議が何もしないなら、自分でやるしかない」と若林さんは言った。

そして、若林さんは石原知事の海外出張旅費について住民監査を請求し、却下されたため、2004年5月に訴訟を起こした。

若林さんが区議になったきっかけは、自宅マンションから見えた建設中の区庁舎が「豪華すぎる」と疑問を持ったことだった。当選後は、市民派を掲げる議員や左派政党の議員に対しても時に「言行不一致」などと容赦なく批判し、議会内で孤立することも多かった。2003年に2期8年で引退。支持者向けの「区議会便り」最終号には「孤軍奮闘していても、住民が支持してくれる限り、孤立無援ではない」と書いている。

本業はドイツ語の翻訳家だった。映画『サウンド・オブ・ミュージック』にあこがれて東京外語大に進み、ドイツのミュンヘン大に留学。そこでノンフィクション『ゾフィー・

ショルの短い生涯』（ヘルマン・フィンケ著）を知る。ナチス政権下、ミュンヘン大の女子学生だったゾフィーは、兄や友人とともに「白バラ」の名前で自由と抵抗を訴えるビラを配り、断頭台で処刑された。最期まで毅然としたその姿勢は、ゲシュタポの取調官の心さえ動かしたといわれる。

若林さんはフィンケ氏に頼み込んで同書を翻訳し、1986年に邦題『白バラが紅く散るとき』（講談社文庫＝絶版）として出版した。妥協を許さない姿勢の原点はここにあった。

しかし、若林さんは石原知事の海外出張旅費訴訟の判決まで生きられなかった。訴訟と並行して、ライフワークだったクリスマス史の研究をまとめた本の執筆に力を注ぎ、『名作に描かれたクリスマス』（岩波書店）を刊行した一週間後の2005年11月25日、家族に見守られて旅立った。亡くなる直前「死ぬのはいやだ」と、かすかな声で何度も繰り返したという。52歳だった。

訴訟は市民運動仲間と情報公開法制の専門家である三宅弘弁護士らによって続けられ、東京地裁は2006年6月、石原知事の01年の米国出張について、約98万円の宿泊料を違法な支出と認め、返還請求するよう都に命じた。若林さん側の実質的な勝訴だった。[7]

知事交際費による高額飲食については、やはりサンデー毎日の記事を読んだ石田千秋・

葛飾区議（無所属）らが、石原知事や浜渦副知事らが交際費を支出した接遇（懇談）のうち、1人あたり1万円を超える78件、計約1194万円分の返還を求めて住民訴訟を起こした。石田氏は税理士でもあった。当時の私の取材にこう答えている。「都は中小企業から税金を厳しく取り立てている。その一方で権力者の税金の使い方が緩ければ、それは権力の乱用、不正です」

そして交際費についても東京地裁は2007年1月30日、2件分を「社会通念を逸脱している」として違法と認定。40万円の返還を命じた。[8]

新聞・テレビが動き出す

日本共産党都議団は翌年春の都知事選が迫る2006年11月15日、記者会見を開き、石原知事の海外出張についての調査結果を発表し、「近県の知事に比べても費用が突出して高額」と指摘した。やはり、情報公開請求で得た資料の分析に基づくものだった。

これを新聞やテレビが一斉に報道した。共産党はさらに、都の文化事業に関与した石原知事の四男の画家、延啓《のぶひろ》氏に公費から海外出張旅費が支払われていたこと、かつてサンデー毎日も報じた高額の交際費支出などの調査結果を次々に発表し、さらに大きく報道されたことで「都政私物化」問題に火がついたのだった。

延啓氏に公費から海外出張旅費が支出されていた問題を、3年前の連載の時点で詰め切れなかったのが悔やまれる。当時の取材の過程で、延啓氏の関係する都の美術館事業が「聖域化」されているという話は聞いていた。しかし、誰に取材するのがいいか攻めあぐねているうちに、他の仕事にかまけて放置してしまった。これも、情報公開請求によって明らかにすることは可能だったのだ。事実、共産党都議団はそうやってこの問題を表面化させた。重要な証拠の一つになったのが、都幹部が発信した電子メールだった。メールを開示請求するという着想は当時の私にはなかった。しかし、国・自治体とも、紙の文書だけでなく、電子情報も開示対象になると法や条例で定めている。ちょっとした目の付け所

7――都が控訴し、控訴審で東京高裁は「住民監査請求が期限内に行われていない」として原告逆転敗訴の判決を言い渡した。手続きを理由としたいわば「門前払い」だった。最高裁も高裁の判決を支持して上告を退けたため、2009年4月28日に原告敗訴が確定した。監査請求は公費の支出から1年以内に行うことが原則だが、「正当な理由」があれば期限後でも可能だ。1審判決は「サンデー毎日が04年1月に報じるまで監査請求のきっかけがなかった」として、正当な理由を認めていた。
8――都、原告の双方が控訴し、最高裁まで争われた結果、1件6万円分についてのみ違法と認定した東京高裁判決が2009年5月20日に確定した。

の違いが大きな結果をもたらすこともあるのだ。

共産党都議団は最初の記者会見で、調査を始めたきっかけが6月の東京地裁判決だったことを明らかにした。若林さんの起こした裁判である。

04年2月20日の記者会見では、交際費や海外出張費に関する私の質問に「何か文句あるのかね」と言った石原氏だったが、批判が高まる中で、07年2月2日の定例記者会見では「反省してます」と述べ、以降は知事交際費の使用状況や海外視察の内容は都のウェブサイトに掲載されるようになった。

そして07年4月の都知事選では、前述したように「都政私物化」が主な争点になった。3年前にはまったく予想していなかった展開だった。誰が指揮をとったわけでもないのに、問題意識を共有する人たちの連係プレーが成立して、少しだけ世の中を動かした。今振り返ると、そう思う。

なぜ石原知事は辞職に至らなかったのか

ところで、なぜサンデー毎日の記事が出た時点で、他のメディアも報じなかったのかという疑問を持つ読者もおられるだろう。第一の理由は、即座に追いかけるのが難しいからだ。基礎資料はすべてサンデー毎日が持っている。同じ報道をするには、同じように手間をかけて同じ資料を入手し、精査しなければならない。日本の大手メディアは、他メディアの報道を引用することに極めて慎重だ。それは、自分たちで一次情報を取り、自分たちで裏付けを取るまでは他メディアの報道を信用しないという、ある種の生真面目さ、プライドの表れではあると思う。

共産党都議団の記者会見をきっかけにメディアが一斉に動き出したのは、共産党の発表がいわば、すべてのメディアにとっての「一次情報」になったからだ。

他メディアの報道をどうしても引用しなければならない時は、「一部報道によると」と、出所をわざとぼかして表現することがある。前例踏襲で使われてきた言い回しだが、そこには前述の生真面目さに加え、ある種のねたみややっかみのような心情が紛れ込んでいるように思う。しかし、それはメディア側の内輪の論理でしかない。読者や視聴者により多くの事実を伝えるという役割から見れば本末転倒だろう。

欧米のメディアでは「BBCの報道によると…」「○○氏はワシントンポスト紙とのインタビューで○○と語ったが…」といった具合に、他のメディアからの引用は日常的に行われている。どこかのメディアが大きな特ダネを書いた場合、はじめのうちは引用で追いかけ、途中から独自の取材・報道に切り替えていく、といったパターンもよくある。

日本の報道も、もう少し引用へのハードルを下げたほうがいいというのが私の考えだ。他メディアの報道も引用元を明記して伝えるほうが、より多くの読者・視聴者に多様な情報を届けることができ、より多くの選択肢を示すことにもなるのではないだろうか。

読者の中には、同じようなスキャンダルなのに、なぜ舛添知事は辞任にまで追い込まれ、石原知事はそうならなかったのかという疑問も持つ人もいるだろう。

一つは当時、石原氏が圧倒的な人気を集めていたことがある。2003年の知事選では308万票を獲得し、得票率は70・2%にも上っていた。つまり、投票した人の7割は石原氏の名前を書いていたのだ。「都政私物化」問題で逆風にさらされた2007年知事選でも、得票率こそ51・1%に減らしたものの、281万票を得て大勝している。これに対して舛添氏が2014年の知事選で得たのは211万票。得票率は43・4%だった。

批判的なメディアをあからさまに敵視した石原知事の姿勢が影響したことも否定できないと思う。前述の「三国人発言」報道では、都の認可した社団法人である共同通信社に対して「(誤報を)3度起こしたら、共同通信の認可を取り消す」と言ったり、石原知事の発言に誤った字幕をつけたTBSの社員を名誉棄損で刑事告訴(不起訴処分)したりしたこともある。元都幹部の一人は当時、こんな分析をしていた。

「石原知事のメディアに対する喧嘩のしかたはある意味、巧妙だ。全体の文脈と関係なく、小さなミスをとらえて大きな争いにしてしまう。初期のころは石原都政に批判的な記者も多かったが、次第に黙る記者のほうが多くなってしまった」

石原氏はすでに都庁を去り、政界も引退している。しかし、このコメントの「石原知事」「石原都政」をほかの政治家に置き換えれば、今もどこかで繰り返されていないだろうか。報道に携わる者としては心しておく必要がある。

「制度」の威力

少し横道にそれてしまったので、話を戻したい。

記者として情報公開制度を初めて利用して、目を見開かされたことがいくつもあった。

一つは、一次資料が大量に、それも一度に手に入るということだ。

前述したような交際費の支出先や旅費の使い方について、個別に取材をした場合でも、ある程度の情報は得られるだろう。しかし「今調べている」「他の業務で忙しい」など――すべてが口実とは思わないが――さまざまな理由で回答が遅れたり、引き延ばされたりするのは、組織に対する取材の場合、よくあることだ。

連載から5カ月ほど後の2004年6月、石原知事の新たな海外視察（米国立公園）の経費などについて都に質問書を送ったところ、知事本局（当時）の政策担当参事から編集長宛てに次のような文書が送られてきた。

「質問項目は、どのような意図・目的をもってなされたものでしょうか。貴社の見解を伺います。なお、誠意ある回答が頂けない場合には、当方からの回答も致しませんので、予めご承知おきください」

事実上の取材拒否である。真意を質《ただ》そうと電話したところ、参事は「開示請求をするなら、別途対応する」と言う。法律や条例に基づいて制度化されていれば、情報開示に行政側の裁量が入り込む余地は相当狭くなる。その威力に改めて気づかされた。

情報公開制度について私はそれまで「具体的な記述の部分はほとんど黒塗りで、当たり障りのない数字のような部分しか出てこないのではないか」という印象をぼんやりと抱いていた。しかし、この件で開示された文書で黒塗りとなったのは民間業者の印影と従業員名程度で、知事の人脈、都と業者との関係などを知ることができる具体的な情報があった。

公文書で得られた情報を関係者にぶつけ、さらにそこで得られた情報を公文書によって裏を取るという一種の「往復運動」によって取材が深まった。

都庁にほとんど人脈のない状態から取材を始めたが、大量の公文書の中にはそれを補うだけの情報がちりばめられていた。取材の端緒になり得るということだ。

情報公開制度は、定点観測をするのにも適していることが分かった。

都知事選直前の2007年2月18日号のサンデー毎日では、改めて3年前と同じ公文書を開示請求し、前回の報道以降、交際費の使い方や勤務実態が変わったかを検証した。その結果、交際費の使い方はある程度沈静化したものの、相変わらず1本3万円近い焼酎等を空けるなどの「豪華接待」が続いていたことが分かった。週に3日程度しか登庁しない実態も変わっていなかった。

「情報のないこと」がニュースになる

情報公開制度を活用する中で、ニュースの価値判断という面でも大きく考え方が変わった。それは「情報がないということ自体がニュースになる」ということだ。

空白だらけの知事日程表を最初に見た時は「ネタにならない」とがっかりした。知事の日常的な行動が分かると期待していたからだ。しかし、考えてみれば、公人中の公人でありながら、その行動の記録をほとんど残していないのはおかしい。本来なら公開されるべき情報が公開されないこと自体が「ネタ」であることに、しばらくして気づいたのだった。

当時の連載は、石原都政の「土壌」の一端を明らかにできたと思う。取材を通じて感じたのは、若いころから作家として、裕次郎の兄として注目を浴び続けてきた石原知事の行動原理の多くは「注目を集めること」にあったのではないかということだ。人目を引く政策、物議を醸す発言、イベント好き――そう考えると腑に落ちる。その分、有権者の負託を受けた公人という意識が希薄で、だからこそ公私の境があいまいになったのではなかろうか。

誰でも権力者と対等の立場に

ここまで、都知事の報道に情報公開制度がどれだけ役に立ったか、ということを書いてきた。しかし、この制度の本当の意義はもっと大きい。それは、記者でなくても、やろうと思えば同じような調査は誰にでもできるということだ。

東京都の予算規模は13兆円あまり。これはスウェーデンの国家予算に匹敵する。職員は警察官や教職員も含めて約16万8０００人もいる。大企業の多くが本社を置き、都内の総生産額93兆円（２０１４年）はオランダの国内総生産（ＧＤＰ）とほぼ同じだ。

一国の大統領並みの権力を持つともいえる、この巨大自治体のトップに対して、面識がなくても、支持者でなくても、一介の市民が直接、情報を出すよう要求できるのだ。

民主主義国である日本では、総理大臣も知事も私たちの上に立つ「偉い人」ではない。主権者である国民が、政治家や官庁に税金を預けて仕事を委任しているのである。そして、その税金がどう使われているのか、どうやって政策は決められたのか、選挙の時の約束は守られているのか――といったことを国民一人一人が確認し、監視できる仕組みを保障しているのが情報公開法や条例だ。誰もが権力者と対等の立場に立つための仕組みといってもいい。

しかし、こうした理念とは関係なく、人々の間には無力感が漂っているようにも思える。石原知事が「都政私物化」問題の逆風を跳ね返して3選された２００７年4月の知事選で感じたのは、石原氏の圧倒的な「集客力」だった。当時、駅前の街頭演説で足を止めた人たちに話を聞くと、こんな答えが返ってきた。

「あれだけ大きいことのできる人だもの。私らとは違うんだから。高い店で飲んだり、高級ホテルに泊まったりもするでしょう」（65歳男性）。「いろいろ批判はあるけど、迫力があって引っ張っていってくれそうな感じがする」(37歳女性)。一方で「任せられる人がいない」「みんなダメ」というあきらめや冷笑的な感想を口にする人も少なくなかった。

10年以上前のことだが、この状況は変わったといえるだろうか。むしろ進行していないだろうか。国政選挙は低投票率が続き、統一地方選の投票率低下にも歯止めがかからない。その一方で、「敵」を作ってこき下ろすような言動をする政治家が人気を集める傾向がある。石原氏はそのはしりだったのかもしれない。

しかし、仕方がない、どうにもならないと言い続ける先に何があるのだろうか。身の回りのあらゆるルールを突き詰めれば、必ず行政や法律、そして政治につながっている。何かを変えるには、まず知ることが必要だ。そのための道具は、実はすでに用意されているのである。

情報自由法と英国❶

議会史上最大のスキャンダル

英国議会を揺るがした1本の情報公開請求

議会制民主主義の発祥の地であり「議会の母」ともいわれる英国で、1本の情報公開請求が英国議会史上最大ともいわれるスキャンダルに発展したことがある。

2009年、下院議員の多くが、税金で賄われる経費や住宅手当を個人的な目的に流用していたことが保守系高級紙「デイリー・テレグラフ」の調査報道で次々に暴露され、大騒ぎになった。

流用は家具やテレビの購入から、屋根の修理、女性閣僚の夫が観た有料放送のポルノ映画などにまで及んだ。当時のゴードン・ブラウン首相（労働党）自身も、自宅の清掃代に充てていた。英国らしいのは、先祖から受け継いだ広大な屋敷の堀の掃除や、庭の池のアヒル小屋（ダック・ハウス）の購入がやり玉にあがったことだ。保守党議員が買った、この中世北欧の豪邸を模した1645ポンド（約25万円）のダック・ハウスは人々の笑いものとなり、政治不信の象徴ともなった。

転売したり、実際には住宅がないのに手当を詐取したりするなどの悪質なケースもあった。

その結果、下院議長が３１４年ぶりに辞任に追い込まれ、上院も含む4議員が刑事訴追された。下院では与野党問わず定数６５０の半数を超す３８１議員が計約１００万ポンド（約１億４０００万円）もの経費を返還することになり、政治への不信は高まった。

もともと不人気だったブラウン首相の人気はさらに低下、比較的傷の浅かった保守党のデ

SAVE £100 A YEAR SUBSCRIBE TO THE TELEGRAPH AND GET A £50 M&S VOUCHER

The Daily Telegraph

BRITAIN'S BEST-SELLING QUALITY DAILY

The phantom mortgage, the insurance mystery and a £1,600 duck house

● Serious questions over three more MPs ● Cameron forced to act over £30,000 claim

INVESTIGATION THE EXPENSES FILES DAY 14

Two more Cabinet ministers avoided tax on home sales

SAVE YOURSELF!

議会経費問題を伝える2009年5月21日のデイリー・テレグラフの紙面＝同紙ウェブサイトから

英国議会には議員宿舎がないため、地方の選挙区選出の議員はロンドンに家を確保しなければならない。この住宅の家賃や維持費にも手当が出ていた。中には手当を使ってリフォームしてから高値で

ービッド・キャメロン党首が党を代表して謝罪した上で制度改革を訴え、政権交代への流れを加速させる一因ともなった。

これを機に、下院に「独立議会倫理基準局」(Independent Parliamentary Standards Authority、IPSA)を設立するなど大きな機構改革も行われた。IPSAは議員の経費を一元的に管理し、議員ごとの使途をネットに公開して透明性を高めたうえ、支払いの査定を厳格化した。

情報公開請求に激しく抵抗した議会

このスキャンダルの発端は、その4年前にさかのぼる。

05年1月、英国で情報自由法(日本の情報公開法にあたる。日本より施行は4年遅い)が施行された直後、ジャーナリストのヘザー・ブルック(Heather Brooke)さんが議員経費の記録を議会に情報公開請求した。

この請求は、本人も予想していなかった劇的な展開をたどることになる。一連の経緯はBBCのテレビドラマになり、ブルックさんは英国を代表する調査報道記者の一人として知られるようになる。彼女はその後、内部告発サイト「ウィキリークス」が入手した米公電の報道などでも活躍し、今はロンドン大で教授としてジャーナリズムを教えている。

米国生まれのブルックさんはもともと、米国ワシントン州の地方紙記者だった。彼女の著書『沈黙の国家（*The Silent State*）』（未邦訳）によると1992年、新人記者として事件や事故の取材に追われる合間に、デスク（編集者）に勧められて初めて州議会議員の経費を調べた。議会事務局で職員に声をかけると、領収書がどっさり入った箱をすぐに持ってきてくれて驚いたという。議員経費の記録は情報公開請求をしなくても常時閲覧できたのだった。「職員は皆、嫌な顔をすることはなく、記者としての私の役割を理解してくれていた」（同書）という。

ヘザー・ブルックさん

丸1日かけて領収書を調べても予想していたような不正は見当たらなかったが、公務の出張で使った飛行機のマイルが議員個人に付与されていたことが分かり、記事にした。これが彼女にとって初の調査報道で、市民に「知る権利」が保障されていることの重要性を実感したという。

その後、ブルックさんは2002年に両親の母国である英国に移住し、フリージャーナリストとなった。そして、市民向けの情報公開制度のガイドブック『あなたの知る権利（*Your Right to Know*）』（未邦訳）を書くための事例の一つとして、かつて米国の州議会で調べたことを英国議会でもやってみようと思い立ったのだった。だが、米国と違い、英国の議会は予想以上に閉鎖的だった。

議会はブルックさんの情報公開請求を「プライバシー」を理由に拒否した。そこでブルックさんは、同じような請求をしていたほかの2人のジャーナリストとともに、情報自由法の運用を監視する政府機関「情報コミッショナー」（Information Commissioner）に異議を申し立てた。コミッショナーは異議を認めて議会に議員経費の記録の開示を命じたが、議会はコミッショナーの命令取り消しを求めて「情報審判所」（First-tier Tribunal（Information Rights））に提訴した。情報審判所は、情報法制に関する訴訟を扱う1審の裁判所にあたる。さらに、下院は情報公開の対象から議会を外す情報自由法改正案を賛成多数で可決する（上院が議決しなかったため改正は実現せず）など激しく抵抗した。

しかし、情報審判所は議会に開示を命じ、08年5月に高等裁判所も情報審判所の決定を支持したことから、議会はついに抵抗を断念。全議員の経費に関する記録を、機微に触れる部分を除いて翌年公開すると発表した。

ところが、議会が公開を準備している間に、生の資料がテレグラフ紙にリークされる。そこには、経費流用の証拠となる領収書類が大量に含まれ、同紙の取材班は裏付け取材をした上で、09年5月から約1カ月にわたって議員の経費流用を暴くキャンペーンを展開。他メディアも後追いして大問題に発展した。

この報道のもとになったリークは、買ったものだった。日本の一般紙は情報を金で買うことはしないが、英国ではしばしばある。テレグラフで取材を担当したロバート・ウィネット記者らの著書『経費は惜しまず（*No Expenses Spared*）』（未邦訳）によると、文書のプライバシーにあたる部分（クレジットカード番号など）の黒塗り作業を委託された政府系企業でアルバイトをしていた兵士が、黒塗り前の文書をひそかにディスクにダウンロードし、軍出身のPRコンサルタントに持ち込んだ。コンサルタントは新聞各社にこのディスクを売り込み、最終的にテレグラフが11万ポンド（約1500万円）で買い取ることに合意したのだという。

「権力をこじ開けることができる唯一の道具」

私はオックスフォード大学内にあるロイタージャーナリズム研究所に客員研究員として滞在中、ブルックさんにインタビューすることができた。2017年2月22日、研究所のセミナーに彼女が講師として来た時、帰り際に30分ほど時間をとってもらったのだ。議会経費問題の火付け役として知られてはいるが、成果をテレグラフに横取りされた形でもある。悔しくないのか、同業者として気になっていたので、まずはその点から聞いてみた。

――テレグラフの仕事をどう思いますか。

まあ、彼らは英国の新聞がよくやっていることをしたわけですね。無駄な時間も手間もかけないという（笑）。私は情報のブラックマーケットには関与しなかったけれど、テレグラフはその点に長けていた。倫理的に議論の余地はあるにせよ、ある意味、プラグマティックなやり方だし、資料を入手してからの取材はすばらしかったと思います。与野党関係なく問題を指摘して、政治的にも偏っていなかった。ただし、それは私の手がけてきたジャーナリズムとはずいぶん違います。私がしたかったのは、何人かの議員の不正を暴くことではなく、すべての議員の経費を市民が閲覧できる状況を作ることでした。議員活動を監視するのに最も適しているのは、有権者自身ですから。社会をよくするとか、新しい民主主義をつくるとかということに無関心で「ネタだけ取ればいい」というジャーナリズムは、私のジャーナリズムではない。最初の情報公開請求をしたのも、英国は米国に比べて市民の「知る権利」が保障されていないと感じたからです。

――リークに基づく報道をどう思いますか。

特定の情報源に頼る伝統的な取材では、汚い手を使ったり、不道徳なことをしたりしなければならない場合も出てきます。情報源が何らかの意図を持っていたり、意図はしていなくてもバイアスがかかっていたりすることは、しばしばあります。でも、私は情報源とのやり取りのために妥協をしたくないのです。情報公開制度や公開情報を使った調査報道は、情報源とのしがらみから自由になれます。科学的なジャーナリズムと言えるのではないでしょうか。私は、そういう自分のやり方を「クリーン・ハンド（きれいな手）・ジャーナリズム」と呼んでいます。

――情報公開や情報の自由というテーマに熱心なのはなぜですか。

18歳の時に、ジョージ・オーウェルの『1984年』を読んでから、権力者に説明責任を果たさせることに強い関心を持ってきました。記者になってからは「何が起きたか」

よりも「どうしてそういうことが起きたのか」を知りたい気持ちが強かった。背景を深く掘るには、さらに多くの情報を集める必要があります。その時に、人間関係から手に入れる情報には、さっきも言ったように限界がある。情報自由法（日本の情報公開法に相当）を使うことで、ある意味、人に頼らずに情報を集められるのです。権力側の情報に平等にアクセスできることは、民主主義のもとで本当の市民になるための鍵になります。政治的になることなく、権力をこじ開けることができる唯一の道具といえるかもしれません。英国のNGOが人々の情報公開請求を代行し、その結果をデータベース化するウェブサイト「WhatDoTheyKnow」の運営を始めています。今後は、こうした市民の活動が重要な役割を担うと思います。

ブルックさんは終始にこやかだった。目先の「ネタ」よりも社会とか民主主義をよくすることが「私のジャーナリズム」と言い切る強さは新鮮だった。情報源との裏のやり取りはせず、情報公開請求という表からの直球勝負が英国議会史上最大とまで言われる問題に発展したという事実は、情報公開制度の可能性を示唆しているといえるかもしれない。

第2章

特定秘密保護法案の裏側

――情報公開で「秘密」に対抗する

「秘密」に情報公開で対抗してみよう

特定秘密保護法は２０１３年12月に成立した。安全保障や外交に関する国の重要な情報を「特定秘密」に指定し、それを漏らしたり聞き出したりした人物に厳罰を科す法律だ。国民の「知る権利」を損なう危険性が指摘され、野党は激しく反発した。与党の採決強行に世論の批判も広がった。

しかし「知る権利の危機」と嘆く前に、私たちには情報公開制度がある。「『秘密』に『情報公開』で対抗してみたらどうなるか」——そんなことを思いついて、政府による法案の検討過程を記録した文書を情報公開請求してみることにした。論争の的となったこの法律の原案が出来上がるまでに、政府の中でどんな議論があったのか、情報公開制度を使って解き明かすことはできるのだろうか。

その結果を記す前に、特定秘密保護法とはどういう法律なのか、簡単に振り返っておきたい。

特定秘密保護法とは何か

簡単に言えば、国家の秘密を漏らしたり、知ろうとしたりする人物を取り締まる法律だ。13年12月6日深夜、野党が強く反対する中、与党によって採決が強行され、成立。翌14年12月に施行された。

具体的には▽防衛▽外交▽特定有害活動（スパイなど）の防止▽テロ防止――の4分野の情報について国が「特定秘密」を指定し、それを漏らした公務員や契約企業の従業員らに最長で懲役10年の罰則を科す。また、公務員らをだましたり、脅したり、そそのかしたりして特定秘密を聞き出した人物も罰する。

秘密指定は、5年ごとの区切りで最長30年まで延長が可能だ。さらに「やむを得ない」場合は60年、一部はそれ以上の延長も可能となっている。

この法律については▽秘密指定の範囲があいまいで、国に不都合な情報が隠される▽報道関係者や市民による取材や問い合わせが、秘密を聞き出す行為とみなされて捜査対象になる▽公務員が萎縮して本来公開されるべき情報が公開されなくなる――など、多くの懸念が専門家から指摘されてきた。情報公開制度とは原理的に衝突する法ともいえる。

特定秘密保護法を安倍政権批判と結びつける人もいるが、そう単純な話ではない。背景には、米国からの度重なる要請がある。

発端は00年の米国の要請

00年、後に米ブッシュ（子）政権で国務副長官を務めるリチャード・アーミテージ氏らがまとめた超党派の対日政策（アーミテージ・リポート）に、「日本のリーダーは新たな秘密保護法制定のため、国民と政治の支持を得る必要がある」との一文が盛り込まれた。日米の軍事的な協力のためには情報の共有が必要だが、米国から秘密情報を提供するからには、日本にも相応の漏洩防止策をとってほしい――という趣旨だ。

日本に集団的自衛権の行使などを求めた同リポートは、日本の外交・防衛政策に大きな影響を与えてきたことで知られる。

1985年に国家秘密法（スパイ防止法）案が廃案になって以降、国家秘密の漏洩や収集に的を絞って規制する法制定の動きは下火となっていたが、このアーミテージ・リポートで、日本政府は再び秘密保護に関する法律制定の検討を始めた。

そして第1次安倍政権は07年8月、米国から提供される軍事情報について米国と同レベルの秘密保全を義務づけた軍事情報包括保護協定（GSOMIA）を米国と締結。対象となる情報を「特別管理秘密」とし、これを扱う公務員の身辺調査（クリアランス）も09年

4月から実施された。

ただ、これは法に基づかない制度だったため、次の福田康夫政権は08年4月、町村信孝官房長官を中心として政府に「秘密保全法制の在り方に関する検討チーム」と有識者会議を設け、法制化を目指した。

初めて法案化に着手したのは民主党政権

09年9月の民主党への政権交代で動きはいったん中断するが、「尖閣ビデオ」問題を機に流れが変わる。10年9月に尖閣諸島沖で起きた巡視船と中国漁船の衝突事件の映像が、海上保安官の手によってネットに流出したのを機に、菅政権の仙谷由人《せんごくよしと》官房長官の主導で新たな有識者会議が発足し、秘密保全法制の制定が再び具体化したのだ。

ここでも米国の後押しがあった。11年6月の日米安全保障協議委員会（2プラス2）の共同発表文書には「情報保全のための法的枠組みの強化に関する日本政府の努力を歓迎」するとの文言が盛り込まれている。

結局、初めて法案化作業に着手したのは民主党政権だった。当時は「秘密保全法制」と呼ばれ、秘密の呼び方も「特定秘密」ではなく「特別秘密」だった。野田政権で法案はほぼ出来上がっていたが、政局の影響で提出されることはなかった。自民党の第2次安倍政権が名称を変え、特定秘密保護法案として国会に提出したのは2013年9月のことだった。

各省庁に開示請求をする

最初に開示請求をしたのは、法案がまだ国会に提出されていなかった13年5月のことだ。当時筆者は大阪本社社会部に所属していたので、大阪から郵便で請求書を送った。請求先は、法案の作成に関係した主な省庁や政府機関だ。請求書には次のように書いた。前述したように、当時は「特定秘密」ではなく「特別秘密」と呼ばれていた。

▼特別秘密の保護に関する法律案について、○○省において内外と協議した際に使用した、または作成した文書、メモ、その他電磁的記録すべて（送受信した電子メール含む）

ここまで細かく指定しなくてもよかったのかもしれないが、「作成はしたが使わなかった文書」「文書化はされていないがデータだけで残っているもの」があるかもしれない、

標準様式第1号

行政文書開示請求書

平成　年　月　日

　　　　　　殿
（受任機関の長）

氏名又は名称：（法人その他の団体にあってはその名称及び代表者の氏名）

住所又は居所：（法人その他の団体にあっては主たる事務所等の所在地）
〒　　　　　　　　　　TEL　（　）

連　絡　先：（連絡先が上記の本人以外の場合は、連絡担当者の住所・氏名・電話番号）

行政機関の保有する情報の公開に関する法律第4条第1項の規定に基づき、下記のとおり行政文書の開示を請求します。

記

1　請求する行政文書の名称等

（請求する行政文書が特定できるよう、行政文書の名称、請求する文書の内容等をできるだけ具体的に記載してください。）

2　求める開示の実施の方法等　（本欄の記載は任意です。）

ア又はイに○印を付してください。アを選択された場合は、その具体的な方法等を記載してください。

ア　事務所における開示の実施を希望する。
＜実施の方法＞　①　閲覧　②　写しの交付　③　その他（　　　　　）
＜実施の希望日＞
イ　写しの送付を希望する。

開示請求手数料（1件300円）	ここに収入印紙をはってください。	（受付印）

＊この欄は記入しないでください。

担当課	
備　考	

政府の標準的な情報公開請求書

などと考えて、念のため、このような表記にしてみた。

また、「メモ」は通常、官僚が個人的に書き留めておく文書で、組織として共有する公文書ではないとされているが、公文書管理法のガイドラインには「法案立案の基礎となった国政上の重要な事項に係る意思決定が記録されている場合など」は、メモであっても公文書として扱うよう定められている。こうしたことも考慮して、とにかく全ての記録に網をかけたいと考えたのだった。

請求先の省庁・政府機関は次の通りだ。

内閣情報調査室▽内閣官房副長官補（安全保障・危機管理担当）▽内閣官房副長官補（内政担当）▽内閣官房副長官補（外政担当）▽内閣総務官▽内閣法制局▽警察庁▽法務省▽公安調査庁▽外務省▽経済産業省▽海上保安庁▽防衛省

特定秘密保護法は、成立する前に国会審議で修正を加えられたものの、基礎になっているのは首相直属の情報機関、内閣情報調査室（内調）が作った法案だ。この法案がどのように練り上げられたのかを知るべく、それを記録したすべての文書を請求したのだった。

内調だけに請求する方法もあったが、各省庁内部での検討過程については各省庁の中にしか記録が残っていない可能性が高く、あえて関係する全省庁に請求をした。

しばらくすると案の定、各省庁から「開示延長通知」が次々に届いた。情報公開法は請求から30日以内の開示を定めているが、開示する文書が大量になる場合などは例外規定で延長できる。

開示は2段階に分けて行われた。最初は請求からほぼ2カ月後だった。そして請求から9カ月後の2014年2月、ようやく全てが開示された。後述するが、最初に開示された文書は法案の内容にかかわる肝心な部分がすべて真っ黒に塗られていた。最終的に開示された文書では黒塗りはほとんど取れていたが、法律が成立した後だった。

これでは、法律が成立する前に国民が法案の検討過程を知ろうと思ってもできないことになる。ただし、特定秘密保護法だからではない。後述するが、これは情報公開法の問題である。ほかの法律でも、成立前に情報公開請求すれば真っ黒な文書が開示される。

段ボール箱20個4万枚の文書

14年2月。毎日新聞大阪本社14階にある社会部のフロアに、A4判コピー用紙の空き箱

宅配便で届いた大量の開示文書

に詰められた書類が宅配便で次々に届いた。最終的に20個。枚数にすると約4万枚。箱が届くたびに台車に乗せて自分の机まで運び、周囲に積み上げると城壁のようになった。「立てこもるんですか」と後輩記者に笑われながら、一つずつ箱を開け始めた。

文書はCDに入ったPDFファイルで受け取ることもできる。ただ、今回の場合は量が多く、CDだとスキャナでPDF化する時間がかかるので開示が遅れるという省庁が多かったため、紙でもらうことにしたのだ。

何が出てくるか分からないので、とにかく4万枚すべて見なければならない。しかし、紙の山をめくり始めてしばらくすると、法則性が見えてきた。まず、各省庁で重複する文書が多かった。そしてその多くは、法律用語の用例集など本筋とは関係のないものだった。

用例集とは、法案の案文に含まれる表現が他のどのような法律に使われているかがまとめられた文書だ。たとえば「公共の安全と秩序の維持」という表現は、海賊対処法や公文書管理法の条文にもあることが示されている。この用例集は膨大な枚数になった。法律を作る時は前例を重視することがよく分かる資料ではあるが、法案の検討過程を直接的に示すものではない。

見えてきた重要な記録

こうした文書を取り除き、時系列に沿ってファイリングした。その作業の中で目を引いたのは内調作成の「内閣法制局との検討メモ」「論点ペーパー」、そして各省庁と内調とのやり取りを記録した「事務連絡」というタイトルの付いた文書だった。そこには、官僚たちが交わした議論が予想以上に詳しく記録されており、「えっ」と思うような記述もところどころにあったのだ。

この3種類の文書だけコピーして別のファイルにまとめ、さらに精査した。

中でも重要だったのは「内閣法制局との検討メモ」だ。

なぜかというと、内閣法制局は新しい法案について、憲法や既存の法律と矛盾しないよう審査するのが役割だからだ。法案の原案を作る省庁と法制局とのやり取りの中で、さまざまな問題があぶり出されてくる。

文書から明らかになった法案の作成過程は、次のようなものだった。

内調が素案を作り、防衛、外務、警察庁など関係省庁に提示して意見を求める。各省庁からの要求を取り入れたり、退けたりしながら条文を調整する一方、月に1〜3回程度のペースで法制局に素案や資料を持ち込み、指導や助言を受けて修正。再び関係省庁に提示する。この繰り返しだ。11年9月〜13年4月の文書で確認できるだけでも、法制局との協議は40回以上行われていた。

協議は課長級の中堅官僚である参事官が担う。「検討メモ」によれば、この時期、内調側は警察庁出身の村井紀之《としゆき》参事官や外務省出身の橋場健《はしばけん》参事官、課長補佐ら複数が参加した。法制局側は12年9月までは国土交通省出身の海谷厚志《かいやあつし》参事官、同10月からは警察庁出身の太刀川浩一《たちかわこういち》参事官が1人で対応した。記録に発言者の名前は記されていないが、法制局側の出席者は常に1人なので、法制局の発言は12年9月までは海谷氏、以降は太刀川氏であろう。内閣法制局の法案審査は、参事官が1人で担当するのが通例だ。

政府内部から「この法律は必要なのか？」

法案の原案が検討され始めた直後の２０１１年9月21日付「内閣法制局との検討メモ」を読んで驚いた。法制局が「立法事実が弱いように思われる」と、根本的な疑問を投げかけていたからだ。

立法事実とは、法律を作ったり改正したりする際、その必要性を根拠づける事実のこと。要するに「この法律、本当に必要なんですか？」と言っているのである。

なぜ「立法事実が弱い」のか。そこには、内閣法制局参事官の発言の要旨として、こう書かれている。

防衛秘密制度を設けた後の漏えい事件が少なく、あっても起訴猶予であるため、重罰化の論拠になりにくい。また、尖閣事案のビデオ映像はそもそも特別秘密に該当するのか分からない。（引用者注：インターネット経由という新たな漏洩形態に対応する必要性があるという説明に）ウィキリークス等の存在は1つの理由にはなる。しかし、インターネットと重罰化のリンクが弱いのではないか。

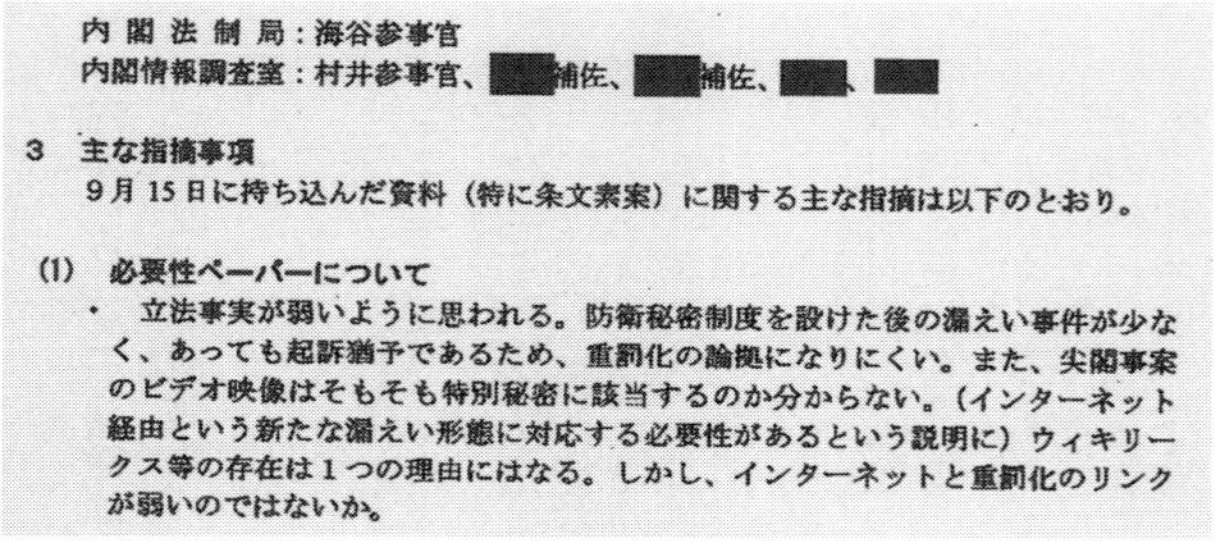
内閣法制局：海谷参事官
内閣情報調査室：村井参事官、[redacted]補佐、[redacted]補佐、[redacted]、[redacted]

3　主な指摘事項
9月15日に持ち込んだ資料（特に条文素案）に関する主な指摘は以下のとおり。

(1)　必要性ペーパーについて
・　立法事実が弱いように思われる。防衛秘密制度を設けた後の漏えい事件が少なく、あっても起訴猶予であるため、重罰化の論拠になりにくい。また、尖閣事案のビデオ映像はそもそも特別秘密に該当するのか分からない。（インターネット経由という新たな漏えい形態に対応する必要性があるという説明に）ウィキリークス等の存在は1つの理由にはなる。しかし、インターネットと重罰化のリンクが弱いのではないか。

「立法事実が弱い」と記された内閣情報調査室の文書

説明が必要だろう。

特定秘密保護法の特徴の一つは「重罰化」だ。前述したように特定秘密の漏洩には最長10年の懲役が科される。それまでは、自衛隊法の改正で01年に導入された「防衛秘密」という制度があり、防衛秘密を漏らした自衛官らは5年以下の懲役だった。

しかし、この防衛秘密制度が秘密漏洩事件に適用されたのは08年の中国潜水艦の情報の漏洩事件のみで、しかも容疑者の空自1佐は起訴猶予処分だった。既に運用されている制度の下で漏洩事件はわずか1件、しかも起訴すらされなかったのに、これ以上罰則を重くする理由はあるのか、と法制局は指摘したのだ。

法案化の直接的なきっかけは、10年に尖閣諸島沖で海上保安庁の巡視船が中国漁船に衝突された事件の録画がネットに流出したことだ。だから、内調は「インターネット経由という新たな漏えい形態に対応する必要性」も立法事実として示そうとしたのだが、これも法制局に「リンク（関係）が弱い」と突っ込まれてしまっている。

そもそも、この「尖閣ビデオ」が特別秘密（現特定秘密）に該当するどうかについては、政府内でも当初から懐疑的な見方が強く、後に法制局は特別秘密には当たらないと判断している。

ただ、これ以降の「内閣法制局との検討メモ」によれば、法制局はその後、態度を軟化させ、立法事実について議論した形跡はない。

法務省や警察庁からも異論

政府内での根本的な意見の食い違いは、ほかにもあった。特定秘密保護法違反で起訴された人物の裁判をどうするかについての論争がそれだ。ここで浮かび上がった矛盾は、法が成立した今も解消されていない。

特定秘密を漏らしたとして誰かが起訴され、裁判になった場合、その人物がどんな秘密を漏らしたのかが法廷で明らかになってしまえば、その秘密は秘密でなくなってしまう。だから、法案の検討段階で内調は、秘密の内容を明かさずに有罪を立証できると説明した。

その情報を秘密に指定した手続きが正しかったこと、指定の理由が正当であることなどの証拠を示し、いわば「外堀」を埋めることによって、漏らしてはならない情報であったことを推測させる方法をとればいいというのである。これは「外形立証」と呼ばれ、過去の情報漏洩事件で使われた例はある。

だが、公判や捜査の実務を知る立場から、相次いで異論が出されていた。開示された文書の中に、2011年10月18日に法務省刑事局が内調に提出した意見書がある。そこにはこう記されている。

弁護人の争い方や裁判所の考え方次第では、外形立証では対応しきれず、特別秘密(現特定秘密)の内容が法廷で明らかになる可能性がある。

被告の弁護人の要求に応じて裁判所が特定秘密の公開を命じる可能性を示唆したのだ。

警察庁の刑事企画課も、庁内で秘密保全法案を担当していた警備企画課に対して同11月11日に次のような意見書を出している。

情報や資料自体の内容が争われるケースでは、外形立証では十分な立証は困難と考えられる。

その例として、被告が漏らしたとされる情報について、ネット上で入手したものだと主張した場合を挙げて、「（被告の漏らしたとされる）ファイルが特別秘密であったことを積極的に立証しなければ、漏洩を立証することは困難」と訴えている。法廷で秘密そのものを証拠として明らかにし、被告がそれを業務で扱っていたことを立証しなければ、有罪判決を勝ち取るのは難しいという意味だ。

警察庁は11年11月22日の内調作成文書「補佐級説明会（11月4日）に対する質問について（回答）」で、こんな主張もしている。

特別秘密の内容そのものが公判廷で明らかになる可能性が排除できなければ、当該特別秘密を所管する行政機関としては、当該特別秘密が秘匿を要するものであればあるほど、よって通常は漏えい行為等の違法性が高ければ高いほど、公判請求に消極的にならざるを得ず、（中略）重い法定刑を定めたところで、実際に十分な刑罰を科すことは事実上困難であると考えられる。

つまり、裁判で秘密が公開されてしまうリスクがあれば、その秘密が重要であればあるほど、省庁は漏らした人物の刑事訴追に尻込みするようになる。それではいくら刑罰を重くしても意味がない、というわけだ。

警察庁はさらに、こうした庁内の意見を受けて「特別秘密に関し、刑事手続上の保護措置を設けること」を主張する。つまり、何か秘密裁判のような新しい制度を設けることを主張したのだ。

しかし、内調はこれを退けた。裁判の公開を定めた憲法があるためだ。だから内調は、秘密の内容を法廷で明かさずにすむ外形立証で「対応できる」と言わざるを得ないのだ。もし、裁判に新たな秘密制度を導入しようとすれば、憲法改正が必要になる可能性がある。そうなれば、裁判の公開によって公正な運用を保障してきた日本の司法制度は根底から変質しかねない。

特定秘密保護法は、開かれた裁判を基本とする司法制度との間に大きな矛盾を抱えている。それが開示文書から浮かび上がった。

法の危うさを認識していた内調

官僚たちの本音もところどころに散りばめられていた。たとえば「内閣法制局との検討メモ」に次のような記述がある。

訓示的規定を入れなければならないほど、ひどい法律なのかという議論に陥りそうな気がする。

法制局は12年7月9日の協議で、そんな疑問を内調にぶつけた。「訓示的規定」とは、国民の基本的人権を侵害しないように戒める規定のことで、内調は法案の素案に、これを入れていた。その理由を内調は、この日と同月17日に法制局に提出した別の文書に記している。

万が一本法が不適切に運用された場合を仮定すると、国民の知る権利、思想・良心の自由、取材の自由といった憲法的権利との間で問題が生じる余地がないとは言えない。

「本法の運用に当る者の良識に委ねた」部分がないと言い切ることは困難。「不安の念」が完全に払拭されたとは言い切れず、訓示規定を置かないことによる無用の誤解を避けることに合理性があると考える。

要するに、法の危うさを内調自身が認識していた。そして、そのことへの批判をかわすために「訓示的規定」を入れたのである。法制局の参事官は、政府提出法案に最初からそのような規定が入るのは異例だとして「よほどうまく説明しないと法制局内で引っかかってしまう」と渋ったが、国会に提出された法案には、「（この法律を）拡張して解釈して、国民の基本的人権を不当に侵害することはあってはならない」との規定が素案通りに入った。

この経緯自体が、特定秘密保護法の抱える問題を象徴しているといえないだろうか。

外部からの批判を意識していた官僚たち

官僚たちが、常に外部からの批判を意識していたことも開示文書から読み取れた。

（秘密の対象を）絞っているということをメッセージとして出さないと、いつまでもマスコミなどに何でも秘密だと言われ続けることになる。（12年2月20日「検討メモ」での内調の発言）

「国際的な」ということを書くと、アメリカから言われて立法するのではないかと批判される。（12年3月12日「検討メモ」での法制局の発言）

しかし、一方で国民の意見への反応は素っ気なかった。11年に実施されたパブリックコメント「秘密保全に関する法制の整備に係る意見募集」の結果について「何か気づいた点はあるか」という内調の質問に、法制局は次のように答えている。

反応としては、こんなものではないか。建設的な議論をしようとする人はあまりいないのだろう。（11年12月16日「検討メモ」）

政治に対する言及はほとんどない。数少ない例は次のような法制局のぼやきだ。

この（野田）政権における法案の優先順位付けがよく分からない。（12年2月17日「検討メモ」）

にもかかわらず、法案作りは着々と進んだ。12年末〜13年春の記録には、自民党が政権に返り咲いたことへの言及も見当たらなかった。一度動き出した法案作りは、政権交代に大きな影響を受けることなく、官僚によって淡々と進められた実態が浮かび上がってきた。

膨大な文書から5本の記事が生まれた

この大量の文書を主な情報源にして5本の記事を書くことができた。もし法が成立する前に文書が開示されていれば、国会での法案審議に問題提起ができたはずだった。やはり情報公開法には課題が多いと言わざるを得ない。

最初の記事は14年1月27日の朝刊「特定秘密保護法違反　秘密のまま裁判、困難　法案検討時、警察庁など懸念」だ。特定秘密漏洩事件が裁判になった場合、法廷で秘密をどう

MAINICHI
毎日新聞
8月17日(日)

秘密保護法「必要性弱い」
内閣法制局が指摘
11年政府協議

NEWSLINE
偽人気アプリが横行 個人情報流出に注意 27
マレーシア機撃墜1カ月 2
エボラで隔離 食糧難懸念 2
オスプレイ 全国展開 3
世田谷に重症児宿泊施設 26
電気の使用量調査 23
日報連・報道写真ベスト10 25
住宅ローン なぜ低金利 6

2014年８月17日毎日新聞朝刊

扱うかについて警察庁や法務省から異論が出ていた事実を報じたものだ。

　次は、内閣法制局が特定秘密保護法の立法事実に疑問を呈していた文書に基づいて2014年8月17日の朝刊に書いた「秘密保護法『必要性弱い』　内閣法制局が指摘」だ。

　このほか、文書の内容を上下2回にわたって詳報した。2014年8月18日朝刊メディア面「特定秘密保護法の検討過程／上　人権侵害の恐れ、担当官僚も認識」と、同25日

「特定秘密保護法の検討過程／下　公務員『適性』巡り、議論重ね妥協も」だ。

私が請求したのは13年5月までの資料だったが、それ以降の資料は毎日新聞東京社会部の青島顕記者が請求。やはり大量に開示された資料を分析し、法案の閣議決定直前に会計検査院が法案について「憲法の規定上、問題がある」と指摘していたことを突き止め、15年12月8日朝刊で特報した。

憲法90条は、国の収入支出の決算をすべて毎年、検査院が検査すると定めている。一方で特定秘密保護法は、秘密を指定した行政機関が「我が国の安全保障に著しい支障を及ぼすおそれがある」と判断すれば、秘密の提示を拒むことができると定めている。検査院は秘密に指定された書類が会計検査に提出されなくなることを懸念したのだ。

ソーシャルメディアで拡散した「のり弁」

時期は戻るが、少し視点を変えた記事も出した。13年10月3日朝刊（大阪本社発行版）の「特定秘密保護法案検討過程『まっ黒塗り』　情報公開請求『混乱の恐れ』」がそれだ。法案が国会に提出される前に法案の検討過程を記録した文書を情報公開請求しても、真っ黒塗りでしか出てこないということを、真っ黒な文書の写真付きで記事化したものだ。縁だけが白くてあとは真っ黒な文書は「のり弁当」そっくりだ。これをいちいち紙に印刷して開示しているのだから、見るたびに、コピー機のトナーがもったいないと思う。

紙面では地味な扱いだったが、ソーシャルメディアで驚くほど拡散した。毎日新聞のニュースサイトのカウンターではリツイートやシェアを合わせて1万を超えた。

ソーシャルメディアで拡散した黒塗り文書の写真

実は、当初は記事にするつもりはなかった。「のり弁」状態の文書が開示されることは珍しくないからだ。しかし、試しに自分のツイッターに真っ黒の文書の写真を投稿してみたところ、約170回のリツイートがあるなど、予想外に反響が大きかった。こちらは慣れっこになっていたが、読者にとってはキャッチーだったのだ。特定秘密保護法というキーワードとも共鳴したのだろう。問題提起になればと思い直して、改めて記事にしたのだった。

「のり弁」を生む、上から目線の条文

請求から2カ月で開示された文書は、見出しなど一部を除き、法案の素案や法案の内容を解説した部分は全て黒塗りにされ、1ページ全部が塗りつぶされた文書も数多くあった。これは前述したように、特定秘密保護法だからではなく、情報公開法の問題だ。

どんな法案でも、国会提出の前提となる閣議決定の前は、こうした扱いがなされている。各省庁は黒塗りの理由について、「公にすることにより、国民の間に未成熟な情報に基づく混乱を不当に生じさせる恐れがある」ことを第一の理由に挙げた。これは情報公開法に定められた不開示理由の一つだ。

このような規定がある限り、国民が法案について十分に知り、深く議論することは難しい。国会提出と同時に請求したとしても、開示されるのが2カ月や1年も後になるのなら、既に法律は成立してしまっている可能性が高い。

そもそも「国民の間に混乱を不当に生じさせる」という表現が、いかにも「上から目線」だ。民主党政権が11年4月に提出した情報公開法改正案では、この不開示理由は削除されていた。法改正を検討した有識者会議で、「(封建的な)『よらしむべし、知らしむべからず』を連想させる」などの意見が出たためだ。しかし、自民党に政権が戻った12年末の衆院解散で改正案は廃案となり、上から目線の条文は今も残ったままだ。

加えて言えば、開示が遅いのも大きな問題だ。今回のケースは、請求してから全てが開示されるまで9カ月がかかった。情報公開法では本来、省庁は請求から30日で開示決定をしなければならない。しかし、例外規定があるため、省庁の側が「開示請求に係る行政文書が著しく大量」で「事務の遂行に著しい支障が生ずる恐れがある」と判断すれば、事実上、1年近い延長も可能だ。

確かに、4万枚の文書を30日以内にそろえるのは難しいだろうと思う。だが、それは紙が前提になっているからである。今時、ペンと紙で文書を作る人はいないだろう。どんな公文書もワードや一太郎で書き起こされているはずなので、それをデータで保存し、整理・検索できるようなシステムがあれば、作業はもっと効率的になるのではないかと思う。

法律を実際に使うことになる人たちはどう考えているのだろうか。文書をめぐってばかりいたら、人間の声が聞きたくなった。

つてをたどって14年の暮れ、警察庁のある幹部官僚に会った。匿名が条件ということだったのでAさんとしておく。

従来の秘密制度は防衛情報を主に対象にしていたが、特定秘密保護法はテロやスパイ活動防止に関する情報まで幅が広がった。その部分を担うのは警察だ。警察の関与が大きくなったところが、従来の秘密制度と特定秘密保護法との大きな違いだ。Aさんは、法が施行されれば、特定秘密を扱う立場にあった。細かい点はともかく、民主主義との関係をどう考えているのかを聞いてみたかった。

――特定秘密保護法で日本は戦前のような全体主義国家に戻る、という批判についてどう考えますか。確かに、かつての軍機保護法[9]にはひどい事例がたくさんある。

そんなことあり得ませんよ（笑）。今は情報公開制度とか司法のチェックとか、さまざまな仕組みがあって、役所の裁量で何でもできるような体制じゃないわけですよ。戦後日本の制度というのは、実は権力に対して相当抑制的な設計になっている。戦前への反省があるからです。日本人はそれを自覚していないところがあるんじゃないですか。平和ぼけというか、当たり前すぎて、なぜそういう仕組みになっているかを考えてこなかった面があると思う。

――チェックアンドバランスが効いていると。

チェックアンドバランスはものすごく大事ですよ。そういう戦後の仕組みの中で、私らも仕事をしてきた。私らとメディアの関係もそうだし、メディア同士もそう。緊張関係がなくなったらまずいね。

――私たちにとってみると、十分な情報が得られなくなるのではないかという懸念はあります。

9――1899（明治32）年に制定。日中間の紛争が緊迫化する中、「列国の諜報は活発・巧妙となり、現行法に不備がある」（杉山元・陸相）として、1937（昭和12）年に全面改正。大まかな機密の分類を設け、軍事関連地域への立ち入り禁止などの規定を新設した。しかし、次第に拡大解釈されるようになり、趣味の写真に偶然軍施設が写ったり、軍関係の仕事を請け負った労働者が仕事の様子を友人や家族に話したりしただけで検挙されるケースが多発した。最高刑は死刑。戦後廃止された。

特定秘密なんて、そんなにないと思いますよ。ガチガチに管理されることになるから、取り扱いが面倒くさいんですよ。何でもかんでも特定秘密にしちゃったら、実際問題、仕事が回らなくなる。今まで特に問題はなかったわけだから、ごく一部を特定秘密にするにしても、その他の部分は今まで通り[10]ということになると思う。だから、よく批判されるように、何でもかんでも特定秘密にしちゃえ、ということは実務上あり得ません。特定秘密にしたら持ち出しができなくなったり、限られた担当者しか見られなくなったりとか、いろいろ不具合が出てくるんですよ。

――特定秘密保護法はいらないと？

まあ、そこまでは言わないけれども（笑）、唐突感みたいなものはある。特に困っていたわけではないし、罰則が軽いというなら国家公務員法[11]を改正するとか、別の方法もあるでしょう。要するに、インテリジェンス[12]のためなんですよ。アメリカにとってみれば、鍵のかからない家に娘を嫁がせるようことはできない。イギリスは堅牢な家だから安心だけど、日本は夜中もどこかドアが開いている、みたいな状況だったわけだから。対中国とかを考えれば、秘密の保護は必要だとは思うけれど、あまりに大げさに捉えられてしまった。もう少し絞った感じの法律にしたほうがよかったという気もしますね。罰するのは公務員の漏洩だけにして、名前も秘密管理法とかにして。

日本でチェックアンドバランスが十分に機能しているかどうかについては議論の余地がある。それでも、Aさんの指摘は重要だと思った。戦後70年を経て、私たちは民主主義の制度を使いこなせているだろうか。記者になってから事件担当が長く、多くの警察官に話を聞いてきたが、そういえば、こんな問答はしたことがなかった。

こういう感覚の持ち主となら、かみ合った議論ができると思った。残念なのは匿名が条件だったことだ。特定秘密保護法の話に限らないが、実際に法を運用する官僚も含め、もっとオープンに議論できる風土ができればと願う。

10――特定秘密保護法の制定以前から、政府には各省庁が独自に決める「極秘」「秘」などとランク付けされた秘密の文書や記録があり、今も続いている。法律の根拠がないため、何を秘密に指定するのか、その管理方法、秘密指定解除などについて法的な規制もない。

11――一般職の国家公務員の職務や人事、給与など規定した法律。職務上知り得た秘密を漏らすことを禁じ、違反した場合は1年以下の懲役または50万円以下の罰金を科すと規定している。

12――政府が行う情報収集活動のこと。日本では外務省、防衛省、警察庁、首相直属の内閣情報調査室などが「インテリジェンス・コミュニティー」と総称されている。

特定秘密も情報公開請求できる

実は特定秘密を含む公文書も情報公開請求することができ、それによって特定秘密が公開される道も、少なくとも制度上は存在している。

請求した文書が開示されなかった場合、請求者は不服を申し立てることができる。申し立ては政府内の第三者機関「情報公開・個人情報保護審査会」で審査される。この場合、審査会は文書の実物を省庁から取り寄せて検討し、「開示すべきだ」「不開示は妥当だ」などと答申する。

この手続きのために、特定秘密保護法には、情報公開・個人情報保護審査会にも特定秘密を提供できるとの条文がある。特定秘密にあたる部分も開示すべきだと審査会が判断すれば、「秘密指定を解除することになる」と政府は説明している。

ただ、それ以前の問題がある。

情報公開法には「国の安全が害される」「他国との信頼関係が損なわれる」「公共の安全と秩序の維持に支障を及ぼす」――などの恐れのある情報は開示しなくていいという例外規定があり、特定秘密かどうかという以前に、これらの規定によって多くの情報が公開されない。省庁が独自に決める「極秘」「秘」などの秘密もある。「特定ではない秘密」も少なくないのだ。

私たちがしなければならないのは、特定秘密保護法をいたずらに恐れることではなく、今ある権利を日常的に使って「公開が前提。秘密は例外」という風土を育てることではないだろうか。非公開情報に民主的な管理の仕組みを導入するよう、法や制度の改善を求め続けることも必要だろう。

情報自由法と英国❷

軍事情報を明るみに

最も秘密の多い分野の一つが安全保障や軍事だ。「国の安全が害される」あるいは「他国や国際機関との信頼関係が損なわれる」おそれのある情報は開示しなくてもよい、と日本の情報公開法は規定している。英国の情報自由法（情報公開法）にも同様の規定はあるのだが、情報公開請求によって新事実を明らかにした報道がいくつかある。

核兵器のずさんな管理をあばく

英国北部、スコットランドを拠点に30年以上のキャリアを持つジャーナリスト、ロブ・エドワーズ（Rob Edwards）さんは情報自由法が施行された05年以降、388件（2018年7月現在）もの情報公開請求をしてきた。環境問題が専門で、福島を訪れて原発事故のルポを書いたこともある。スコットランドの日曜紙「サンデー・ヘラルド」を主な舞台に、イングランドのリベラル系高級紙「ガーディアン」などにも記事を提供している。新聞の衰退に危機感を持ち、2015年には仲間と調査報道ニュースサイト「フエレット」を設立し、読者からの購読料で運営している。

情報公開制度を取材に活用している記者は誰か、と業界関係者に尋ねると、必ずこの人の名前が挙がる。そこで、2017年2月にスコットランド自治政府の首都、エディンバラにエドワーズさんを訪ねた。

英国によくあるれんが造り2階建ての家。呼び鈴を押すと、本人がぬっと現れた。全然笑わない。このぶっきらぼうな感じ、日本の記者にもよくいるよなあ、と内心苦笑しながら、狭い階段を上がって2階の仕事部屋に案内された。大きな窓のある広い部屋で、急に視界が開けた。感嘆の声を上げると「うちでいちばんいい部屋ですよ」と、初めて笑顔を見せた。

ロブ・エドワーズさん

エドワーズさんは饒舌だった。

情報公開請求を使って最も成功したケースは何かと尋ねると「核兵器の件ですね」と、即座に答えが返ってきた。「たぶん私が一番苦労して、エネルギーを使って、そして一番驚きの結果が出た」。10年10月、ガーディア

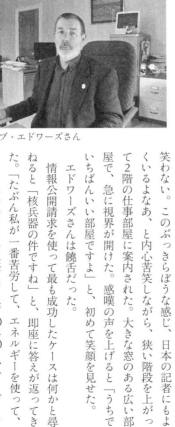

ンの日曜紙「オブザーバー」と「サンデー・ヘラルド」両紙に書いた記事である。

核兵器管理についての軍の内部監査報告書が、一つ間違えば大事故を招きかねない現場のずさんな状況を05年に指摘していたという内容だ。その報告書には▽国内を日常的に移動している核兵器輸送部隊が疲弊している▽核弾頭から放射性物質が漏れる可能性がある▽核ミサイルを搭載している潜水艦の艦長らに安全管理規則が周知されていない――などと書かれていた。

裁判を起こして報告書を入手

エドワーズさんがこの報告書を情報公開請求したのは06年12月だった。14カ月後にようやく開示されたが、ほとんど真っ黒に塗られていたため、情報公開や個人情報の保護を監視する政府内の独立機関「情報コミッショナー」に異議を申し立てた。しかし、コミッショナーも09年に国防省の判断を追認したため、エドワーズさんは生まれて初めて訴訟を起こすことにした。

知り合いの元国防省職員が手弁当で協力してくれた。「軍の内部をよく知る彼のおかげで、ものすごく助かった」。他の専門家にも助言を求めて作った準備書面を1審の裁判所にあたる情報審判所に提出すると、まもなく国防省の代理人弁護士から「現実的な判断をすることにした」とメールが届き、審判所が決定を下す前に報告書は開示された。請求から4年が経過していた。

「重要な勝利でしたね」と、エドワーズさんは言う。「なぜなら、記事を書けたというだけではなく、以降の報告書が人々に公開されるようになったからです。政府のほうがやり方を変えた。それはいいことです。10年前に比べて、私たちはより多くを知ることができるようになったのだから」

ジャーナリストと権力のパワーバランス

エドワーズさんが最初に情報公開請求をしたのは、2005年に情報自由法が施行された直後。過去、放射性廃棄物処分場の候補地に挙がった地名のリストだった。当初、政府は開示を拒んだが、情報コミッショナーに異議を申し立てた結果、6カ月後に公開された。

以降、13年間で388件もの情報公開請求をしてきた。月に2本ほどのペースになる。原発や核兵器の事故に備えたヨウ素剤の備蓄場所と量▽チャールズ皇太子とスコットランド自治政府首相の間で交わされた手紙▽補助金を受けている農家のリスト——など、テーマはさまざまだ。それらは「情報公開ログ」（Freedom of Information log）として自身のウェブサイトにアップし、各請求の手続きが進むたびに更新している。なぜ、そこまで情報公開制度に興味を持つのだろうか。

「40年近くこの仕事をしてきて、最初の20年は情報自由法がなかった。取材をしていて、ことあるごとに秘密主義の壁に阻まれました。ところが、EUや米国はもっとオープンであることに気づいたのです。公益性のある情報なのに、それを公開しない英国の政府や自治体の閉鎖性に対する不満が根底にはあります」

しかし、情報公開制度があっても、権力側は本当に知られたくない情報は隠してしまうのではないだろうか。私の中でずっとくすぶっている疑問をぶつけると、エドワーズさんはこう言った。

「情報公開請求はあくまでも調査報道の手段の一つです。それですべてがわかるわけではない。でも、当事者や専門家から話を聞く普通の取材をする中で、どうしても分からない部分が出てきたら、そこを情報公開請求してみるのは大いに価値のあることです。場合によっては、情報源が『こういう資料があるから情報公開請求するといい』と教えてくれることもある。情報自由法は私たちにとって、貴重なツールなのです」

　そして、エドワーズさんは情報自由法がジャーナリズムに与えた影響をこう分析している。

「情報自由法は公的機関とジャーナリズムの力のバランスを変えました。ジャーナリスト側に少し有利になったのです。官僚や政治家と話す時、こちらに生の資料があるのとないのとでは、おのずと議論の性質が変わってきます」

NGO発の「特ダネ」

　議会の決定に反し、英軍がひそかにシリア空爆に加わっていた——。BBCが2015年7月17日に特ダネとして報じたニュースは瞬く間に他のメディアにも引用され、英国議会は騒然となった。かつて、根拠があいまいなまま米国主導のイラク戦争に巻き込まれたことへの不信感から、下院は2013年8月29日、シリアに対する軍事行動への承認を求める政府の動議を、与党・保守党議員も含む反対多数で否決していた。

　しかし実際には、その後も米国主導の有志連合にパイロット3人を含む約20人が英軍から派遣され、過激派組織「イスラム国」に対する空爆に参加していたことを、この日のB

BC報道は明らかにしたのだった。BBCに対し保守党のジョン・バロン下院議員は「議会が軍事介入にノーと言ったのだから、英軍人は撤退させるべきだ」と述べている。

実は、この報道は、ロンドンを本拠地とする人権擁護NGO「リプリーブ」(Reprieve)が情報公開請求で得た資料に基づくものだった。リプリーブがBBCに情報提供したのである。

リプリーブは、執行猶予という意味である。死刑や拷問のない世界を目標に掲げ、世界各地の死刑囚や正当な司法手続きなしに収監されている人、米国による無人機(ドローン)攻撃の被害者らに法的な援助をしている。メンバーの多くは法律家で、無償で訴訟の支援や法的なアドバイスをするほか、事実関係の調査もしており、調査結果は随時、メディアに発表している。そのための「メディアチーム」もいて、メディアと常に接触を保っているのだ。

調査の責任者は弁護士

政府が隠していた軍事情報をどうやって情報公開請求で明らかにしたのか、メディアチームに取材を申し込むと、調査の責任者だったジェニファー・ギブソン(Jennifer Gibson）さんにつないでくれた。米国の弁護士資格を持つ法律家だ。

「私は2010年以降、主にパキスタンでの米国の無人機による被害をずっと調査してきました。そのうちに英国も米国の無人機攻撃にかなり関与していることに気づいて、2012年から英国についても調べるようになったんです」

ジェニファー・ギブソンさん

ロンドンのオフィス街のビルに入居するリプリーブ本部で、ギブソンさんは私に紅茶を勧めながら話し始めた。応接スペースの外では、広いフロアに多くの男女が行きかう。企業のオフィスのような雰囲気だ。
シリア空爆の件は、英軍がどの程度米国の作戦に関与しているのかを体系的に調べるために、いくつも出していた情報公開請求のうちの一つだったという。英軍のシリア空爆への関与を引き出したのは次のような請求だった。

英軍の人員がシリアまたはイラクで、英軍のものではない装備を使って空爆を行ったことはありますか。もしそうなら、何人が、どこで、どの国の装備を使いま

したか。

請求から3カ月後の2015年6月15日、国防省からは次のような回答があった。

英軍人は米国、フランス、カナダ各軍の部隊に配置され、各軍の指揮下でイスラム国に対する作戦に従事している。シリアでは、パイロットを含む英軍人は各部隊の装備を使い、偵察や爆撃の任務に就いている。

英軍人が個別に他国軍の指揮下に入るエンベッド（埋め込み）と呼ばれる形態だ。「答えるとは思わなかったので驚いた」とギブソンさんは笑った。「どれだけ問題のあることなのか、あの時点で国防省は認識していなかったんじゃないかと思います」

情報公開請求は「戦略の一部」

調査を行う際にリプリーブは情報公開請求を多用しており、2016年は1年間で80〜90件は請求したという。その際、何らかの戦略や戦術のようなものはあるのか、と尋ねると、ギブソンさんは我が意を得たりという表情でうなずいてから答えた。

「私の考えでは、自分が何を知りたいのかを文脈として理解していなければ、情報公開請求は役に立ちません。まず、調査のための一連の戦略があって、その一部に情報公開請求がある。だから、請求の文言は時間をかけて練り上げます。シリア空爆の件では、英軍が米国の作戦に関与する時に『エンベッドというやり方があるらしい』という話をいろいろな人から聞きました。でも具体的にどういう状況でエンベッドが行われているのかが分からない。じゃあ、情報公開請求してみよう、ということになったんです。まさに調査報道と同じです。人と話をして、分からないところは質問をして、情報の断片を集めていく。情報公開請求もそのツールの一つです。うまくいくこともあれば、いかないこともある」

英国民主主義の層の厚さと底力

そして、得られた調査結果はまず、メディアに提供する。プレスリリースという形で発表することもあれば、シリア空爆のケースのように、特定のメディアに「特ダネ」として提供することもある。プレスリリースには、メディアがそのまま引用できるよう、調査責任者のコメントまで用意する周到さだ。ギブソンさんは言う。「旧来型の人権団体の間違いは、報告書を書くだけで満足して、メディアとかかわろうとしなかったことです。特に安全保障という分野で政府や世論に影響を与えるには、メディアを通じて調査結果を知らせることが不可欠です。メディアとの関係は、最も重視しなければならないことの一つです」

ギブソンさんは、無人機攻撃による市民の被害についての調査結果を英国議会、欧州議会、米連邦議会で証言したほか、英国の情報機関「政府通信本部」（ＧＣＨＱ）の元長官が座長を務めたバーミンガム大学のドローン政策の検討会議にも加わった経験がある。

実は、リプリーブのように情報公開請求を活用して調査をし、その結果をメディアに提供している市民団体は英国に無数にある。自力で調査をし、現実の政治に積極的に関与していく姿勢や、メディアと関係を築いて効果的に情報を発信しようとする彼らの戦略に、英国の民主主義の層の厚さと底力を見た気がした。

第3章

憲法解釈変更の「検討記録なし」をあばく

——安保関連法案と内閣法制局

「反対意見なし」に疑問を抱く

安全保障関連法案[13]が国会で審議されていた2015年6月。集団的自衛権の行使を容認した憲法解釈の変更について、内閣法制局の横畠裕介《よこばたけゆうすけ》長官が「法制局内に反対意見はなかった」と答弁したとのニュースを、ネットで目にした。

「本当だろうか？」と思った。

衆議院インターネット中継の「ビデオライブラリ」で録画を見た。確かに6月10日の「我が国及び国際社会の平和安全法制に関する特別委員会」でそのような問答があった。国立国会図書館がウェブで提供している国会会議録検索システムによると、この日、維新の党の高井崇志《たかいたかし》議員（現立憲民主党）が、横畠長官に、こう質している。

「現役の法制局の皆さんがこの話（引用者注：憲法解釈の変更）を聞いたときに、どういう議論があったのか。反対する意見というのはなかったんでしょうか」

横畠長官の答弁は一言だけ。「反対する意見はありません」だった。

総務官僚出身の高井議員は「長官の発言はちょっと驚きだと言わざるを得ません」と応じた。高井氏は、自身が官僚時代に法制局に何度も通って厳しい審査を受けた経験に触れ、

「今の答弁で間違いないですか。結論じゃないですよ、議論の経過を聞いている」と、念を押したが、長官は「繰り返しになりますが、ありません」と答えた。

確かに、この断言ぶりには驚いた。

内閣法制局は日本の法的安定性[14]を支えてきた役所だ。政府が作る法令案を審査する「審査事務」と、内閣に法的な助言をする「意見事務」が主な役割で、審査や助言の際は、憲法やすでにある法律と矛盾しないかどうかを基準にしてきた。首相官邸や内閣府本府からは少し離れた霞が関の合同庁舎に入っている。

13――自衛隊による集団的自衛権行使の容認や国連平和維持活動（PKO）の拡充を柱とし、自衛隊法や事態対処法など10の法改正を一括した「平和安全法制整備法案」と、自衛隊による他国の後方支援を認める「国際平和支援法案」の総称。日本と親密な国が攻撃された時、日本が攻撃を受けていなくても自衛隊が反撃できる権利（集団的自衛権）を認め、米軍以外の他国軍にも給油などの後方支援ができるようになる。また、自衛隊の活動エリアが従来の「非戦闘地域」から「現に戦闘が行われている現場以外」に広がる。PKOでは、離れた場所にいる他国軍や国連関係者などを助けに行く「駆け付け警護」など、従来の武器使用基準ではできなかった任務も実施できる。「他国の戦争に巻き込まれる」「自衛隊員の危険が増す」などの指摘があり、国会前では連日反対デモが繰り広げられた。2015年9月に成立し、16年3月に施行された。

14――法律自体やその適用が安定していること。不規則に変えられれば人々の法に対する信頼は失われ、社会は不安定になってしまうことから、法治国家の原則とされる。

ルーツは1885(明治18)年にさかのぼる。伊藤博文が初代首相に就任し、内閣制度が発足した翌日にはもう「法制局」が設置されている。内閣法制局を研究テーマの一つにしている西川伸一・明治大教授(政治学)によると、西欧列強に肩を並べるため、明治政府は日本が法治国家であることを示そうとしたのだという。以降、法令に矛盾がないよう隅々までチェックする伝統が生まれ、戦前は軍部に対しても一定の発言力があった。戦後も内閣法制局の審査を経た法律が最高裁で憲法違反と認定された例はごくわずかで、その厳格さゆえに「憲法の番人」「法の番人」などと呼ばれてきた。

内閣の一組織にもかかわらず、こうした第三者機関的な役割を担うことに制度上の問題を指摘する声もあるが、内閣に対する一定のチェック機能を果たしてきたのは事実だ。

一方で、いわば政府の法律顧問として、内閣の要請に応えなければならない矛盾した役割も求められてきた。特に国連平和維持活動(PKO)やイラクへの自衛隊派遣に際しては「ガラス細工」と皮肉られる憲法解釈を積み重ねてきた。しかし、集団的自衛権の行使は憲法違反という解釈は、1972(昭和47)年の政府見解以降、一貫して守ってきた一線だった。そして、2014年の集団的自衛権の行使を容認する解釈変更には、4人の元長官が批判的な意見を公表していた。

内部に何の反対意見もなかったというのは、やはり不自然に見えた。

「情報公開請求してみたらどう」。数日後、たまたま大学時代の恩師で毎日新聞のOBでもある天野勝文先生（筑波大名誉教授）と喫茶店で雑談していて、そんなアドバイスをもらった。なるほど、確かにその通りだった。法制局内部の議論を記録した文書に反対意見のあったことが記されていれば、横畠長官の答弁の矛盾を指摘する記事が書ける。さっそく情報公開請求をしてみることにした。

内閣法制局に情報公開請求をしてみる

ところが、うっかりしていた。2015年6月16日に内閣法制局に対して情報公開請求をしたのだが、この時は次のような文言で請求した。

▼『我が国及び国際社会の平和及び安全の確保に資するための自衛隊法等の一部を改正する法律案』の法令審査に関する文書

▼『国際平和共同対処事態に際して我が国が実施する諸外国の軍隊等に対する協力支援活動

名称はややこしいが、要は安全保障関連法案のことである。この法案が内閣から国会に提出される前、法制局で行われた法案審査の記録を請求したのだった。

しかし、横畠長官の発言を検証するのであれば、法案審査の記録ではなく、2014年7月1日に行われた閣議決定についての記録を開示請求すべきだった。従来の憲法解釈を大きく変えたのは、この閣議決定であり、法案はそれを受けたものに過ぎないからだ。自分の中でも整理がついていなかった。そのことに気づいたのは2～3週間後だった。

ちなみに内閣法制局は、日本の官庁には珍しく公式サイトに専用のフォームがあり、そこに必要事項を書き込んで情報公開請求ができる。オンライン請求の手数料は200円。紙による請求に比べて100円安い。しかし、手数料は印紙で納めることになっていて、印紙だけ郵便で送るか持って行くかしなければならず、結局、手間は紙による請求とあまり変わらない中途半端な仕組みになっている。

ただ、この請求の過程で「あれ？」と思うことがあった。請求の文言について法制局の男性担当職員から問い合わせの電話があった時、彼はこう言ったのだ。

「お出しするのは基本的には法案の案文ですけど、いいですか？」

「議論の過程を記録したものはないんですか？」

「議事録みたいなものは作ってないんですよ」

私がイメージしていたのは、特定秘密保護法の法案検討過程を調べた時に開示された文書だった。前述したように、それは、法案の原案を作った内閣情報調査室（内調）の参事官（課長級の官僚）と法制局の参事官のやり取りのメモだった。そこには、条文について法制局側がさまざまな指摘をし、内調側が説明に追われる場面が多々あり、どんな議論を経て法案が練り上げられていったのかがよく分かった。

その話を担当職員にすると「それは内調側の文書でしょう」と言う。確かにその通りだった。「法制局では、そういうのは作っていないんですよ」

「メールでのやり取りは？」

「ないと思いますね。参事官が幹部に報告する時も、案文を持ち回るのが普通なので」

「案文に参事官が手書きでメモを書き込んだりしたようなのは」

「それは、あるかもしれません」

もしかして、この役所は記録をあまり残さない体質があるのではないか——と思ったが、ともかく、法案審査の記録はそのまま請求することにした。

開示請求は受理されたが、文書が大量であることを理由に引き延ばされ、すべてを開示する期限は2016年6月27日にするという。1年も先である。どの省庁も同様だが、この開示の遅さは何とかならないだろうか。文書が多ければ手間がかかるのは分かる。前にも記したが、そもそも近年は文書をコンピュータで作成するはずである。作成から保存、公開まで電子的に管理すれば、もっと効率的にいくのではないかと思うのだが。

会議録のようなものは「ないですね」

さて、問題の閣議決定に関する記録を改めて請求せねばならない。

今度は霞が関の合同庁舎にある法制局まで足を運んだ。法に基づいた手続きなので、電話でも面談でも対応は変わらないはずなのだが、先の担当職員が親切だったので、何かいいことがあるかもしれない、と思ったのだ。結果的には大して変わりはなかったのだが。

合同庁舎の正面玄関から内線電話をかけると、すぐに50代とおぼしき担当職員氏が降りてきた。どこか部屋に通されるのかと思ったら「ここでいいですか」と、そのままロビーの椅子に案内され、横に並んで座って話をすることになった。

「それは第1部なので担当が違います。後で担当者に電話させます」

内閣法制局には第1部から第4部までの部があり、2〜4部は政府が作る法令案を審査する。前述した「審査事務」である。部ごとに省庁の担当が分かれており、内閣官房作成の安保法案は2部の担当だ。一方、第1部だけは内閣に法的な助言をする「意見事務」を担う。憲法解釈が主な仕事になるため、部長は筆頭格の重要ポストで、長官のほとんどは第1部長を経験している。横畠長官も例外ではない。

その日のうちに第1部の職員からスマホに電話がかかってきた。

「ご要望の資料は、安保法制懇と与党協議会の配布資料、それから閣議決定の案文の3種類ということになりますが、それでよろしいでしょうか」

「え？　それだけですか」

「はい」

「法制局内の会議録のようなものは？」

「ないですね」

「法制局として議論の過程を記録した文書はない」

「そうです」

安保法制懇とは、安倍晋三首相が安保法制の検討を依頼した私的懇談会「安全保障の法的基盤の再構築に関する懇談会」のこと。与党協議会は、安保法制懇の報告書に基づいて、自民・公明両党の国会議員が具体的な検討をした会議のことだ。そこで配られた資料はあるが、自分たちで作った文書はないというのだ。

国の将来を大きく変える可能性のある憲法解釈変更だというのに、議論の経緯が何も記録されていないというのはおかしくないだろうか。これはニュースだ――と思った。

公文書管理法違反ではないか

そして「そういえば…」と思い出した。公文書管理法という法律があった。2011年4月に施行された公文書管理法では確か、どんな省庁も内部での意思決定過程や検討過程を公文書に残すことが定められていたはずだ。公文書管理法違反にはならないのだろうか――。そこで改めて条文を読んでみると、4条2項にやはり書いてあった。

第四条　行政機関の職員は、第一条の目的の達成に資するため、当該行政機関における経緯も含めた意思決定に至る過程並びに当該行政機関の事務及び事業の実績を合理的に跡付け、又は検証することができるよう、処理に係る事案が軽微なものである場合を除き、次に掲げる事項その他の事項について、文書を作成しなければならない。

一 法令の制定又は改廃及びその経緯

二 前号に定めるもののほか、閣議、関係行政機関の長で構成される会議又は省議（これらに準ずるものを含む。）の決定又は了解及びその経緯

三 複数の行政機関による申合せ又は他の行政機関若しくは地方公共団体に対して示す基準の設定及びその経緯

四 個人又は法人の権利義務の得喪及びその経緯

五 職員の人事に関する事項

憲法解釈の変更は閣議決定へのお墨付きであり、それは安保関連法につながっているわけだから、一の「法令の制定又はその経緯」あるいは二の「閣議の決定又は了解及びその経緯」に該当する可能性が高い。「事案が軽微」なら文書を残さなくてもいいことになっているが、憲法解釈の変更が軽微な事案であるはずがない。

過去の記録を公文書館で調べる

そこで、これまで法制局はどのような公文書を残しているのかを調べることにした。今回だけなかったとしたら不自然であり、より問題が大きいと考えたからだ。

東京・竹橋の毎日新聞東京本社のすぐ近くに国立公文書館がある。ここに保管されている文書のタイトルは、ネットで検索することができるが、会社から歩いて2～3分なので実際に行ってみることにした。

静かな閲覧室に検索・閲覧用の端末が並んでいる。さっそく検索してみると、法令案を審査する「審査事務」の記録である「法案審議録」はかなりの数、残っていることが分かった。

内閣に法的な助言をする「意見事務」の記録は少なく、憲法解釈についての記録はさらに少なかったが、あった。保管されている憲法解釈に関する文書の中で数が最も多かったのは、沖縄返還の際に米国施政下の法律と日本国憲法との整合性を検討した第1部沖縄法制参事官室の「各省庁の立案段階において当室で協議を受け又は検討した事項」（1970年）というファイルだった。

見たい文書を閲覧請求書に書いてカウンターの職員に出すと、書庫から文書を持ってきてくれる。それを閲覧席で自由に見ることができる。写真に撮ることも可能だ。文書によってはマイクロフィルム化されているものもあるが、今回のファイルは紙のファイルのままだった。

その内閣法制局のファイルには「長官室会議資料」などと題した文書が綴じられており、

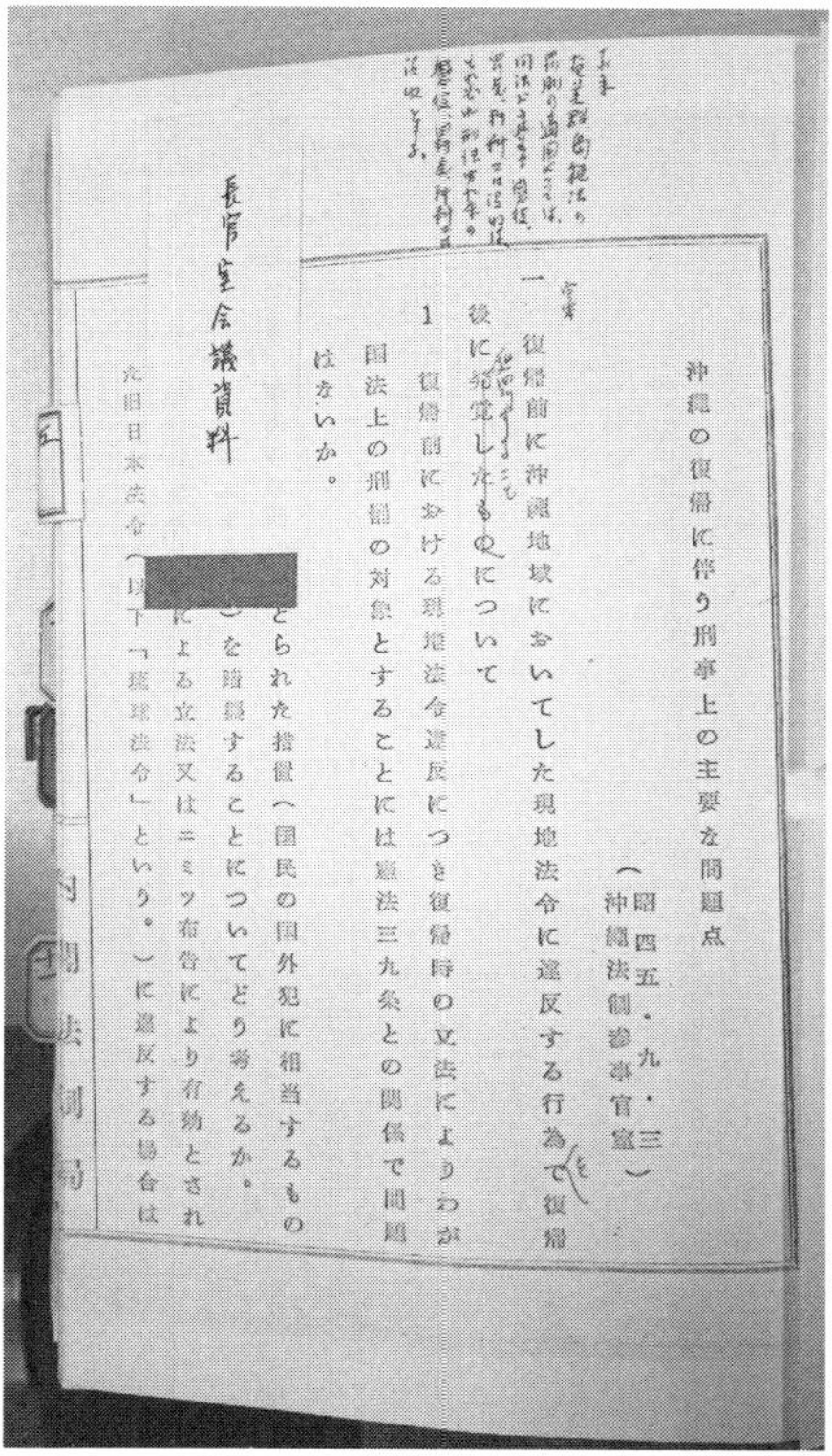
長官室会議資料

沖縄の復帰に伴う刑事上の主要な問題点

（昭四五・九・三）
沖縄法制参事官室

一　復帰前に沖縄地域においてした現地法令に違反する行為で復帰後に発覚したものについて

1　復帰前における現地法令違反につき復帰時の立法によりわが国法上の刑罰の対象とすることには憲法三九条との関係で問題はないか。

[redacted]とられた措置（国民の国外犯に相当するもの）を踏襲することについてどう考えるか。

による立法又はニミッツ布告により有効とされ

元旧日本法令（以下「琉球法令」という。）に違反する場合は

内閣法制局

国立公文書館に残されていた内閣法制局第１部の文書

憲法解釈をめぐって幹部がどのようなことを議題にしていたかが分かる。

「事案が機微であるほど記録には残さない」

過去の記録を調べる一方で、同僚と手分けをして内閣法制局の元幹部を取材した。内部での憲法解釈をめぐる検討はどう行われ、記録の取り方はどうなっているのか、知りたかったからだ。「古巣のことをあまりあれこれ言いたくない」と、匿名を条件に語ってくれた、ある元幹部の証言は生々しかった。

――重要な決定は会議で決めるのですか。

毎週火曜と金曜の閣議後に「局議」という会議がありました。長官室に部長以上が集まる。長官が閣議の報告をして、閣議で何らかの「宿題」をもらっていれば議論をします。ただし、法に基づく会議ではないので、会議録はありませんでした。省庁の場合は事務方が記録するのが普通ですが、法制局にはそういう慣習はなかったんです。「本当の話ができなくなる」という、日本的な理由ですね。

――記録を取らないと実務上、困るのでは。

必要なら各人がメモはしていました。必要がないことも多かった。みんな法律のプロでメンバーも同じだから、何を議論しなければいけないかは嫌というほど分かっていたので。

——公文書管理法には意思決定の経緯を文書に残さなければならないと書かれていますが。

何か事業をやるとか、原発事故の対応をするとか、国民生活に直接影響を与える一般の省庁ならそうだろうとは思いますが、法制局の仕事は「意見を言うこと」なので性質が違います。まあ、意見が意思決定ではないかといわれればそうなのかもしれないけれど、そこまでいちいち記録に残さなければならないのか、という感覚はありました。

——沖縄返還時に憲法解釈について会議をした記録が国立公文書館に残っていますが。

沖縄返還には法的な課題が多く、情報を共有しないと仕事が進まなかったのだと思います。しかも、基本的には祝うべきことだった。事案が機微であるほど記録には残さないという傾向はありましたね。昔は自分もいろいろメモを残していました。「○○省の○○局長がこう言った」「○○議員の要求は○○」とか。ただ、こういう途中経過の一部が外に出てしまうと、いろいろ波紋が広がる可能性がある。情報公開法ができてから、そういうヤバそうなものは残さなくなりました。

――法案審議録は残っていますね。

法令審査の場合は、複数の省庁と意思疎通を図らなければならないので、条文の解説や政策の狙いなどを説明した文書を、法案作成を担当する省庁に作らせます。丁寧な参事官は自分のメモのようなものも審議録に残しています。

――意見事務の場合は性質が違うと。

機微に触れるケースはたいてい、インフォーマルな形で持ち込まれますね。省庁のカウンターパートから参事官のところに「内々にご相談が」という形で始まって、無理筋の場合は「じゃあ、なかったことに」となる。つまり、最初から存在しないので、記録も作られないことになります。

――きちんと記録しないと国民にとってはブラックボックスになる。後世の人も困るのでは。

おっしゃることは分かりますが、役人はどうしても「よらしむべし知らしむべからず」というところがある。問題点を明らかにするのは国会ではないかという気持ちもありますね。

――「法制局内に反対はない」ということはあり得るのでしょうか。

一般論ですが、長官は国会に呼ばれて1人でしゃべらなければならない。それだけの責任があるんです。長官の意向が明確なら、部長たちが「それ、違うんじゃないですか」と言うことはほとんどないと思います。空気を読んで合わせるところがありますね。

一方、同僚の取材によると、横畠長官は高村正彦・自民党副総裁や北側一雄・公明党副代表らと、与党協議会とは別に非公式に会っており、閣議決定前に憲法解釈の変更に合意していたことが分かってきた。

「意見はない」という紙が1枚だけ

こうした取材にめどがつき、閣議決定に至る検討過程について情報公開請求したのは2015年8月28日のことだった。請求書には次のように書いた。

▼平成26年7月1日に閣議決定された「国の存立を全うし、国民を守るための切れ目のない安全保障法制の整備について」に関する文書一切

請求が8月にずれ込んだのは、まさにこの時期、安保関連法案が国会で審議されており、国会内の与野党の攻防や国会を取り囲むデモの人々など、日々激しく動く永田町の様子を社会面に書く仕事に忙殺されていたからだった。

請求していた文書は、ほぼ1カ月後の9月24日付で開示決定があり、PDFファイルが収められたCDが28日に郵便で届いた。分量は相当あったが、最初の問い合わせの時に内閣法制局の職員が言っていたように、ほとんどは安保法制懇と与党協議会で配られた説明資料で、実質的に内閣法制局自身が作ったといえるのは「意見はない」と内閣に電話で伝える際に作られた決裁文書1枚のみだった。検討過程を記録した文書は、やはりなかった。

この決裁文書には「別添について、内閣官房国家安全保障局から照会があったところ、意見がない旨回答してよろしいか、決裁を願います」とだけ書かれていた。「別添」は閣議決定案文を指す。憲法解釈についてはまったく触れられていなかったが、起案者の欄に「黒川参事官」と書かれていた。内閣法制局第1部の黒川淳一参事官のことだ。

内閣法制局第1部は、前述したように内閣に法的な助言をする「意見事務」の担当で、憲法解釈もここが担うため、法制局内では筆頭格の部署とされている。

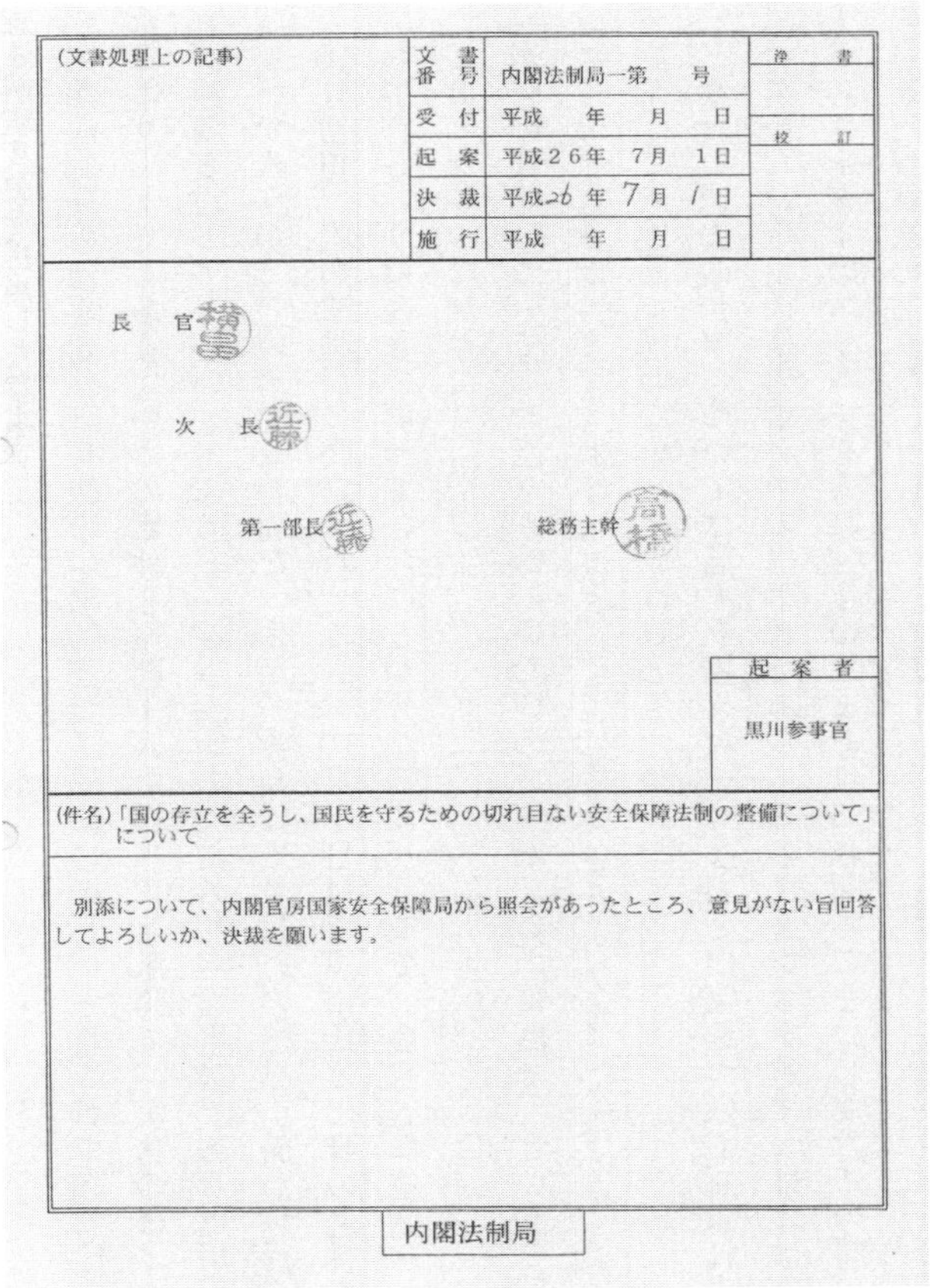

（文書処理上の記事）	文書番号	内閣法制局一第　　号	浄書
	受付	平成　　年　　月　　日	
	起案	平成２６年　７月　１日	校訂
	決裁	平成26年 7月 1日	
	施行	平成　　年　　月　　日	

長官 横畠

次長 近藤

第一部長 近藤　　総務主幹 高橋

起案者
黒川参事官

（件名）「国の存立を全うし、国民を守るための切れ目ない安全保障法制の整備について」について

別添について、内閣官房国家安全保障局から照会があったところ、意見がない旨回答してよろしいか、決裁を願います。

内閣法制局

集団的自衛権をめぐる憲法解釈変更について「意見がない」と書かれた内閣法制局の決裁文書

憲法解釈変更を担当した参事官

内閣法制局の参事官は課長級の中堅幹部だ。法律に詳しいと目されて各省庁から抜擢されるエリートでもある。一つの案件を原則1人で担当する激務で、実務のほとんどは参事官が担うと言ってもいい。本当はどんな議論があったのか、当事者である黒川氏に話を聞けないだろうか。といっても特別なコネがあるわけでもないので、正面から行くしかない。

10月初旬、内閣法制局に問い合わせると、10月1日付で黒川氏は出身の農林水産省に官房参事官という肩書きで戻っていたことが分かった。そこで、農水省に電話をかけてみると、あっさりつながった。「黒川ですが」と明るい声が飛び込んできた。

「当時の経緯について、お話をうかがいたいのですが。この電話で、ということではなく、改めてお目にかかってですね…」。そう切り出すと、予想外の反応が返ってきた。

「いや、この電話で構わないんですけれども…」

どうせ「過去の仕事については話す立場にない」などと口実をつけて断られるだろうと思っていた。黒川氏は当事者中の当事者である。このチャンスを逃すわけにはいかない。ICレコーダーのスイッチを入れ、そのままあれこれ聞くことにした。この時のやり取りの主な内容は次の通りだ。

——閣議決定案文に「意見はない」と答えた時の経緯は。

前日に案文が来たので、次長、長官とも検討した上で、従来の憲法解釈の枠内に収まっているので問題はないだろうと判断しました。

——どれくらい時間をかけましたか。

よく覚えていないですね。でも、慎重にやった記憶はあります。決して検討がおざなりだったということではないですけれども。

——検討はかなり前からしていたのではないですか。

安保法制懇や与党協議会の資料をもとに、どこまでなら憲法上大丈夫かという議論は局内でしていました。ただ、資料を見ていると、そういうことは分かった上でやっておられる感じもあったので、結果的には、そんなに（検討は）必要なかった。

——大丈夫かどうかの基準はどこに置いていたのですか。

いわゆる「フルセット（無限定）」の集団的自衛権行使は、どんな理由があっても難しいという話はしていましたね。

——「限定的」ならいいと。

どんな案文が出てくるか分からなかったので、そこまで具体的な検討はしようがなかった。ドキドキしながら待っていたところもあったんです。でも、ふたを開けてみれば、従来の解釈は変えない範囲で、ということだったので。

——いつから検討していたのですか。

もともと9条まわりはルーティンの仕事ですけれども、本格化したのは昨年の年明けくらいからと記憶しています。

——誰が検討していたのですか。

主に私、そして第1部長と次長、長官ということになりますが、一堂に会して会議をするという感じではなかったですね。たとえば、過去の国会で「こんな答弁があったはずだ」とか、第1部長との間で議論したりとか。幹部は幹部でいろいろやっていたと思います。

——横畠裕介長官は国会で局内に反対意見は「なかった」と答弁しましたが、その通りですか。

閣議決定の案文が出てきた時には、反対というのはありませんでした。

——それまでの過程では。

何を反対というかにもよりますが、「フルセット」のような、今までの憲法理論をガラガラポンするようなことを目指すのであれば、それはできないんじゃないかという議論はありました。でも、それを反対意見というかどうか。閣議決定の案文が違憲にあたるという議論はなかったという意味では、(反対は)なかったということですね。

――どうして検討の過程を記録に残さないんですか。

成案があって、それに意見を述べるという形ではなかったので、従来の国会答弁をおさらいするようなことが多かった。記録を取るような性質の議論では、そもそもなかったんです。「頭の整理」というのが正直なところですね。結局、法制局は「何をどこまでやるか」という議論をするわけではなく、ある意味受け身でしかないので、「大丈夫でしょうか」という問い合わせに「その考え方なら、憲法はじめ各種の法律に基づいて、まあ大丈夫じゃないか」と言うだけですので。

――普通の意見事務(法解釈について意見を述べる業務)では、意見を求めてきた省庁側の担当者と時間をかけて文書でのやり取りを積み上げると聞きましたが。

ケース・バイ・ケースとしか言いようがないですね。紙でやり取りする時もあれば、そうでない時もある。方針が固まってから持ち込んで来られるケースもある。

――公文書管理法はあまり意識しなかったのですか。

当然、意識はしていました。公文書管理法は意思決定過程をしっかり残せという趣旨ですが、今回は特に我々のほうで意思を決定するという作業をしたわけではなくて、特に文書を残す性格のものではなかったので。ただ、今回は重要な案件なので、起案をして、うかがいを立てた形でしっかり残しました。まあ、逆に「これしかないのか」となってしまうのは分かるんですけれども。

取材に応じなかった横畠長官

黒川氏との問答は、こちらの問題意識とかみ合わず、むしろ認識のずれが浮かび上がったのだが、きちんと対応してくれたことには感謝するほかない。黒川氏は当事者だっただけに、私が開示請求をしていたことも承知しており、「請求していただいた資料の中にあったとは思いますが…」などと、本人もそれを前提に話していた。こちらが期待したような文書や記録はなかったとはいえ、少なくとも資料を共有したうえで話を聞くことができた。情報公開法がない時代だったら、仮にその資料を非公式に手に入れていたとしても、相手がその存在を認めないこともありうる。情報公開が法で定められていることの意義というものを、ここでも感じたのであった。

一方、横畠長官にも記事を出すたびに内閣法制局の総務課を通じて取材を申し込んだが、「忙しい」などと断られ続け、結局実現しなかった。一度「オフレコなら」という申し出があったが、それはこちらから断った。公的なことについて行政組織のトップに見解を求めているのだから、実名で記事になる前提でなければ意味がないと考えたからである。

予想外の反響

最初の記事は2015年9月28日の朝刊に掲載された。その直後から、ツイッターなどソーシャルメディアで「驚いた」「これはまずいだろう」といった感想があふれ始め、社にも同様のメールや電話が数多く寄せられた。理屈ではなく、驚きとして受け止められたようだった。共同通信など他のメディアも報じ、社説に取り上げた地方紙が少なくとも6紙はあった。また、朝日新聞も2カ月後に同様の記事を1面トップに掲載し、この問題に言及する識者も少なくなかった。正直に言って、この反響は予想外だった。「文書や記録など地味な話題だから、あまり受けないだろう」と思っていたのだ。その不明を恥じるとともに、大いに勇気づけられたのだった。

MAINICHI
毎日新聞
9月28日(月)

憲法解釈変更
法制局、経緯公文書残さず
審査依頼 翌日回答

「民主主義の原点」
記録なし 識者批判

NEWSLINE
鶴竜、横綱昇進後初V 決定戦 照ノ富士降す 24
照ノ富士との優勝決定戦を制して横綱昇進後、初賜杯を手にした鶴竜。「この瞬間のためだけにやってきた」
地震保険料 地域差拡大へ 2
仏、シリア領のIS空爆 9
シンドラー事故 あす判決 30
宮城 白骨遺体は17歳女性 31
プライバシー過剰保護横行 7
おんなのしんぶん 12·13
就活力 会社説明 保護者にも 17

内閣法制局が憲法解釈変更についての検討記録を残していなかったことを伝える2015年9月28日の毎日新聞朝刊

吉田さんからの情報提供

何本か続報を書くうちに、さらに予想外の展開があった。

2016年4月7日、毎日新聞富山支局のデスクからメールが届いた。富山市在住の吉田憲子さんという女性から「内閣法制局から変な文書が開示された」と支局に電話があったという。「毎日新聞は安保法制の問題を一番よく取り上げているので連絡した」と言っているとのことだった。

改めて私から吉田さんに電話をすると、近く東京に来る用があるというので会うことにした。東京・竹橋の毎日新聞東京本社のミーティングスペースに現れた吉田さんは、小柄ながらエネルギッシュに話す人だった。私は子供のころ、富山市に6年間住んでいたことがあるので、吉田さんの富山弁が懐かしく響いた。

「これです。変でしょう」。吉田さんがバッグから取り出したのは「公文件名簿」という内閣法制局の公文書だった。私はそういうタイトルの文書があること自体、その時まで知らなかった。あとから分かったのは、審査のため各省庁から送られてきた法案や政令案について、それぞれ①受付日、②決裁日、③審査した後に内閣に送付した日（進達日）、④

閣議にかけられた日――のほか、審査を担当した参事官名などを記録した一覧表で、内規で30年間の保存が定められた重要な文書であるということだった。

決裁日は「5月0日」

吉田さんが情報公開請求で入手した公文件名簿は、明らかに変だった。安保関連3法案の決裁日は「5月0日」となっていた。それ以外にも、受付日と進達日（審査した法案を内閣に送付した日）が空欄で、法律のはずなのに「政令」にマルがついていた。吉田さんが問い合わせたところ、内閣法制局は「担当者のミス」と説明したという。

ウェブで公開されている内閣法制局の「行政文書取扱規則」を見てみると、法案や政令案は総務課が受け付け、審査を終えて内閣に送った日（進達日）には、審査担当部からの連絡を受けて総務課の担当者がその旨、公文件名簿に記入することになっている。

「上層部だけで話が進んだので、担当者は記入のしようがなかったんじゃないですか。この法律が、正規の手続きを経ないで成立した疑いが強くなりますね」と、吉田さんは言った。

これはニュースになる。そう思った私は、改めて自分で同じものを情報公開請求するこ

閣第15号	内閣官房受付番号	閣92	主管部	第二部	主査	太刀川 岡本 参事官	編集記号番号		
我が国及び国際社会の平和及び安全の確保に資するための自衛隊法等の一部を改正する法律案						受付 5月 日	決裁 5月 0日	進達 月 日	閣議 5月 14日
請議大臣	総理、外、財、防		件名区分			月 日	月 日	月 日	月 日
署名大臣	総理、各省大臣					月 日	月 日	月 日	月 日
国会提出	第 回国会 第 号					月 日	月 日	月 日	月 日
公布	平成 年 月 日	法律 政令 条約	第 号	備考					

吉田さんが開示を受けた「5月0日」と記された公文件名簿

とにした。こちらは黒塗りもなく、開示を延長されることもなく、1カ月で開示された。だが、私に開示された文書では決裁日の「5月0日」は「5月14日」に、受付と進達の日も「5月14日」となっていた。修正したのだろう。

「記入を失念した」と法制局

なぜ「0日」だったのか。その経緯や理由について、公文件名簿を管理している内閣法制局総務課に電話で問い合わせたが、「開示請求した人（吉田さん）以外には答えられない」という。法的には根拠のない拒否だ。情報公開法を所管する総務省情報公開推進室に念のため問い合わせたら、「開示文書は誰にでも平等に開示される。第三者の問い合わせに答えても問題はない」との見解だった。

この件は、吉田さんが情報提供してくれた5カ月後の2016年9月26日、毎日新聞朝刊1面トップで「安保法決裁『5月0日』　内閣法制局　ずさん記載」という記事になった。

この記事を受けて、民進党（当時）が内閣法制局の担当者を呼んで経緯を問いただしたところ、法制局は「システム上、決裁日の欄はあらかじめ0月0日が入っている。ぎりぎりまで審査手続きをしており、確定した日付を入れなかった」と説明して陳謝したという。

その後、同党の大西健介衆院議員（現国民民主党）が出した質問主意書に、内閣法制局は「総務課の担当者が一部を記入したのみで作業を中断し、そのまま受付日等の記入を失念してしまった」「平成27年12月中旬、外部からの指摘を受け、当該記載の不備に気付いたことから、関係資料と照合し、正しい記載に改めた」と答弁している。

12月中旬は、吉田さんが開示を受けて問い合わせた時期と一致する。もし吉田さんの指摘がなければ、将来の国民は、この重要な法案がいつ、どのように審査されたのか知ることができなかったかもしれないのである。

それでも不自然な「公文件名簿」

しかし、公文件名簿の決裁日の記載が5月14日であったとしても、なお不自然さが残る。この日は安保関連3法案が閣議決定された当日だからだ。首相以下閣僚が法案を承認し、政府提出法案として国会に出すことを決めるのが閣議決定である。記録の通りとすれば、内閣法制局は法案審査を受け付けて即日OKを出していることになる。

私が開示を受けた公文件名簿を見ると、法制局は2015年の1年間で80件の法案を審査していた。実質的な審査は、正式な受け付け前に「予備審査」という形で終わらせておくのが慣例なので、実際には公文書に記された日付の前から審査をしていたとは思うが、それでも受付日に即決裁というのはこの年、安保関連3法案以外になかった。その他の法案は受け付けから決裁まで数日かかっている。「0日」などの誤りも当然、なかった。

前述の大西議員への答弁書によれば、過去にも毎年数件ずつ「即日決裁」があると法制局は反論しているが、異例であることは確かだ。特に「0日」については、前述の法制局元幹部にも文書を見せたが「これは変だ。どうしてこんなことになるのか」と首をかしげるばかりだった。少なくとも、何か通常とは違う流れで審査や決裁が行われたことを、この公文書は示唆していた。

ファイルに埋め尽くされた部屋

「5月0日」は富山県の民放、北日本放送でも報じられた。公文書の問題もさることながら、この「特ダネ」を発見したのが富山市の女性だったことがニュースになったのだ。吉田憲子さんのインタビューは2016年11月16日にテレビとラジオに流れた。

吉田さんはいったい、どんな人なのだろうか。吉田さんは内閣法制局や安保関連法について、公文件名簿だけでなく、内閣法制局の内規、法制局から内閣に法案を送る手続きの記録、閣議決定書など、さまざまな公文書の存在を把握して開示請求をしていた。探し出す調査力だけでなく、それらを読み解く分析も鋭かった。俄然《がぜん》、興味がわいた。資料を東京で取材した時に大まかに話は聞いていたのだが、2018年3月3日に改めて富山市の吉田さん宅を訪ねた。

中心市街地にある2階建ての一軒家。通された6畳くらいの書斎は、三方の壁がファイルで埋め尽くされていた。「高速道路関係」「国家公務員宿舎」「沖縄関連」「原子力規制委員会」――。エルビス・プレスリーのポスターがあちこちに貼ってある。「偉大なんですよ。プレスリーは」と吉田さんは笑った。

障害児に教えられた「自由」の素晴らしさ

１９４６（昭和21）年生まれの71歳。肩書きはない。ジャーナリストや研究者だったわけではなく、市民団体で活動しているわけでもない。年金といくばくかの駐車場収入を得て、姉と２人で暮らしているという。

原点は、かつて携わっていた障害児支援の活動にあった。大学卒業後、県内の知的障害者施設に勤めていたが、子供たちを地域社会から切り離すことに疑問を感じ、自宅を地域の障害児たちに開放する活動を１人で始めた。１９７０年代半ばのことだった。

10人以上もの子供が自宅に出入りするようになった。ちょっと目を離したすきにどこかへ行ってしまうことがよくあった。警察から連絡が来る。無性に腹が立ち、「絶対に怒ってやろう」と迎えに行くと、当の子供は、そんな気持ちなどお構いなしにうれしそうにしている。吉田さんは地域誌へ寄稿した文章で、当時を振り返ってこう書いている。

「全身からあふれんばかりの喜びが伝わってくるのである。怒っていた気持ちがスーッと消えて、『あー』と思う。『人間にとって、自由な時間と自分の意思で行動することができるということが、どんなに素晴らしいことなのか』ということを教えられるのである[15]」

障害者予算を知りたくて情報公開請求

そして吉田さんは、障害児が地域の学校に通うための支援をしたり、障害児の親たちのための教育相談室を開いたりと、活動を発展させていく。その中で、１９９０年代半ば、行政改革の名のもとに障害者支援の予算が削られているのではないかと疑問を持った。本当に行政にお金がないのか、そこに無駄はないのかを知りたいと思ったのが、情報公開請求と出会うきっかけだった。

「最初に請求したのは…これかな」。吉田さんが書棚から引っ張り出してきた厚さ4センチくらいのファイルには、県の「予算・決算の詳細」「予算の見積書」などの請求書が綴《と》じられていた。まず予算書を県庁で手に入れ、より詳しく知りたいと情報公開請求したのだ。１９９６年のことだ。富山県は１９８６年に情報公開条例を導入している。

情報公開で出てきた資料で新しいことを知り、それをヒントにさらに請求する。その繰り返しで知識を身につけていった。

「最初はね、勉強するためにいろんなものを集めたんですよ。調べるのは面白いんです。分からなかったことが分かってきて、どうすればいいかということが見えてくる。そのうち障害者の問題だけでなく、その時その時に関心のあることを調べるようになってね」

疑問があれば官庁にすぐ電話する。「文部科学省に電話したら、どちらさまですか、って聞くから『国民です』って言ったの。そしたら職員たちが『国民だって言ってるよ』って、電話の向こうでひそひそ話すのが聞こえた」と笑う。

「国民それぞれが情報公開請求すれば社会は変わる」

役所や政治家に手紙を書いたり、質問状を出したりもしょっちゅうだ。情報公開を拒まれて訴訟を起こしたこともある。霞が関に行く機会も増え、顔見知りになった省庁の職員から、「こんな話があるから調べてみたら」と教えてもらえるようにもなった。実際、そうやって得た情報をヒントに情報公開請求をしてみたこともある。東京に出かける時はいつも、新幹線や飛行機よりも安い高速バスだ。

旺盛な好奇心。そして「自分の意思で行動する」を徹底して体現している人である。フルブライト奨学金で米国に留学した心理学者の父の影響が大きかったという。

「主権者は私たち国民なんです。主権者が正しい判断をするには、正しい情報が必要です。

15――吉田憲子「障害児も普通学級へ」第2回　生活情報誌「まいけ」1992年10月25日。

だから知る権利は絶対に大事です。それぞれの人たちが、自分の仕事とか生活に関係する、あるいは興味や関心のある分野で、それぞれ情報公開請求をしていけば、社会は変わると思いますよ」

情報自由法と英国❸

機能する歯止めとチェック

英国は必ずしも情報公開先進国ではない

英国は戦争を繰り返してきた歴史から、伝統的にスパイへの警戒感が強く、政府には秘密主義的な体質が染みついていると言われてきた。情報公開の点では必ずしも先進国ではなく、情報自由法（情報公開法）が施行されたのは2005年。米国より38年遅く、日本より4年遅い。

政府や自治体、BBCなど約1万の公的機関に対して、誰もが情報公開を請求でき、手数料も不要だ。しかし、映画「007」シリーズで有名なMI6など情報機関は対象外で、それ以外の官庁でも大量請求など対応に一定以上のコストがかかる場合や、請求の乱用とみなした場合に、官庁側は開示を拒否できるほか、安全保障に関する情報、個人情報など23の除外規定がある。請求から開示まで1年以上待たされることもあり、黒塗りだらけの文書が出てくることも珍しくない。

記録を隠したり作らなかったりするケースが問題化しているのも日本と同じだ。201

1年には教育相が私用メールを業務に使い、情報公開請求を免れていたことが発覚した。スコットランドの調査報道記者、ロブ・エドワーズさんは「近年、大臣や官僚は会議の議事録を残さず、メールもすぐ削除してしまう」と話す。

だが、日本と大きく違うと感じたのは、行政の独善に対する歯止めやチェックの仕組みがよく機能していることだった。

すべてのメディアが情報自由法を擁護

その一つがメディアである。

ロイタージャーナリズム研究所での調査の一環として、日英の代表的な新聞・公共放送の2014~16年の報道を記事データベースで比較したところ、情報公開請求に基づく英メディアの記事は日本の5倍も多かった。それも政治、事件・事故からスポーツまで多岐にわたる。

特徴的なのは、政治的な立ち位置は関係ないということだ。たとえば、最も影響力があるとされる保守系大衆紙「デイリー・メール」は、リベラル系高級紙「ガーディアン」よりも頻繁に情報公開請求を使って記事を書いていた。

英国では情報自由法は常に政府から疎まれてきた。メディアが日常的な取材のツールとして使うからだ。キャメロン前首相（保守党）は2012年に「情報自由法は政府の動脈を詰まらせる（仕事を滞らせる）」と発言して物議を醸した。さらには、この法を導入したブレア元首相（労働党）自身が回顧録で激しく後悔している。

「おまえはなんという間抜けだ。ナイーブで愚かで無責任なバカ者だ」「情報公開法はほとんどの場合、〝人民〟によって利用されない。それはジャーナリストが利用する。政治指導者にしてみれば、こちらの頭を棒で殴っている者に、こう言うようなものだ。『おい、その代わりにこれでやってみろよ』。そして木槌を渡すのだ」（トニー・ブレア『ブレア回顧録 下』石塚雅彦訳、日本経済新聞出版社、2011年）

最近では政府や自治体の「過度な負担」を理由の一つに、2015〜16年に大規模な情報自由法の見直し作業が行われた。キャメロン政権が2015年7月に「情報の自由に関する独立委員会」を設置して、有識者や元政府高官に検討を依頼したのである。

メディアは一斉に反発した。同年9月には左派から右派、大衆紙から高級紙まで140のメディアが連名で、法の見直しに反対する書簡をキャメロン首相に送った。前述の保守系大衆紙「デイリー・メール」のポール・デーカー（Paul Dacre）編集局長は個人で

情報自由法の見直しに反対する2015年11月12日の「オックスフォード・メール」の特集紙面

独立委員会に意見書を提出し、次のように主張した。「情報自由法を弱めれば、有権者の政治に対するシニシズム（冷笑主義）を間違いなく加速させるだろう。『政治エリート階級は公共の利益よりも自分の利益を守っている』と」

　地方紙「オックスフォード・メール」は同年11月に14ページにわたる特集を組んだ。1面には、過去に情報自由法を使って書いた▽道路にあいた穴の補修の不備▽警察のスタンガン使用▽自転車事故の急増――などの記事の写真12枚を並べ、「この記事が失われるかもしれない」と大見出しを掲げた。2面には「私たちの情報自由法に手を触れるな」との見出しと解説を、以下のページには過去の記事を再掲し、当時の登場人物に改めてコメントを求めて法の意義を強調している。「情報自由法で、従来できなかった調査報道や大ニュースの発掘が容易になった。そのことを読者に伝える時だと考えたのです」。私のインタビューに応じた同紙のサラ・テーラー（Sara Taylor）編集局長は、特集紙面の狙いをそう語った。

「情報の自由に関する独立委員会」が16年3月に出した報告書は、大方の予想に反し、現行の情報自由法を支持した。そして、報告書を受けた政府は法の見直しはしないと発表した。与党・保守党の有力議員からも反対の声が上がり、造反を示唆したことも影響したとみられる。

この件も含め、政府は法の施行以来2016年までに少なくとも6回、手数料の導入（英国の情報公開請求に手数料はかからない）や首相官邸での会議録の除外など、この法の効力を弱める方向での検討をしたが、大規模な法改正には至っていない。そのたびにメディアが足並みをそろえて抵抗したからだ。

英国の新聞は政治的立場の違いをはっきり打ち出すのが特徴だが、情報自由法に関しては左派も右派も擁護で一致している。保守系高級紙「タイムズ」出身のジャーナリスト、ミーガン・ルセロ（Megan Lucero）さんは言う。「情報公開は党派的な問題ではありません。情報へのアクセスが制限されることは、すべてのジャーナリストにとっての脅威ですから」

「メディアは極めて重要な役割を果たしてきた」と、NPO「情報の自由のための運動」(Campaign for Freedom of Information) 代表のモーリス・フランケル (Maurice Frankel) さんは指摘する。「情報自由法を使って重要な報道をするだけでなく、使う価値があるということを広く世間に知らしめたのです」

フランケルさんは1984年からこの運動に携わり、国会議員へのロビイング(説得)や草案の提供などで法の制定に大きな役割を果たした。2004年には、開かれた政府の実現に貢献したとして大英帝国勲章(OBE)を受章している。

どうして、そんなに情報自由法の普及に情熱を注ぐのか。そう尋ねるとフランケルさんはこう答えた。「『私は知っているから、そう判断した。何も知らないあなたには分からない』と言われるのがものすごく嫌なんですよ」

なお、情報自由法が「市民にほとんど使われていない」というブレア元首相の指摘は事実と異なる。ロンドン大のベン・ウォージー (Ben Worthy) 講師が11年に発表した調査結果によれば、政府に情報公開請求をした人々のうち、最も多かったのは市民で39%。次いで研究者（13%）、ジャーナリスト（8%）――の順だった。

独立性の高い監視機関

行政に対するチェック機能の二つ目は、第三者機関の存在だ。

政府や自治体が情報を出さなかった時、情報公開を請求した人は情報コミッショナーに異議を申し立てることができる。コミッショナーは、情報自由法とデータ保護法（個人情報保護法）の運用を監視する政府内の独立機関だ。該当する公文書や記録を調べ、開示すべきだと判断すれば政府や自治体に開示を命じる。違法行為を刑事訴追する権限もある。政府がこの命令に不服なら、裁判を起こして争うしかない。日本政府の情報公開・個人情報保護審査会の決定が「答申」であり、法的拘束力がないのに比べて権限が格段に強い。

現在のコミッショナー、エリザベス・デナム（Elizabeth Denham）氏の下で400人以上の職員が働いている。また、北部スコットランドの自治政府は独自の情報自由法を持ち、独自の情報コミッショナーを置いている。

コミッショナーは政府（スコットランドではスコットランド議会）の推薦で女王が任命する。2015年度、コミッショナーが異議申し立てを支持、または一部支持したケースは38%。スコットランドでは60%にも達する。
たとえば、前述の調査報道記者、ロブ・エドワーズさんが2015年、アレックス・サモンド・スコットランド自治政府首相とチャールズ皇太子が2007〜2010年に交わした手紙を開示請求したが、一部しか開示されなかった。スコットランドの情報コミッショナー、ローズマリー・アグニュー（Rosemary Agnew）さん（2017年4月に退任）は、エドワーズさんの異議を認め、自治政府に開示を命令。16年5月に手紙はすべて開示された。

アグニューさんは現職当時の2017年1月、筆者のインタビューに応じた。ゴルフの全英オープンで有名なセント・アンドルーズにある小さな2階建ての事務所を訪ねると、本人が下りてきて2階の執務室に案内してくれた。階段の踊り場にはエリザベス女王からの任命状が額に入れられて飾られていた。

スコットランドの情報コミッショナーのオフィス

インタビューで最も聞きたかったのは、その独立性を保つために、どのような注意を払っているのか、ということだった。何か「心構え」のようなものを期待して質問したのだが、予想に反して答えはあっさりしたものだった。

「法律が私の独立性を保障しているので、それに従って仕事をしています」

アグニューさんはこう続けた。

ローズマリー・アグニューさん

「私はスコットランド政府に雇われているのではありません。女王陛下に任命されているのです。私が責任を負っているのは政府ではなく、スコットランド全体です」

アグニューさんは、もともとは経営コンサルタントだったが、2001年にイングランドの自治体への苦情を調査して裁定を下す第三者機関「自治体オンブズマン」(The Local Government and Social Care Ombudsman)に入り、調査員やオンブズマン補佐を務めた後、2008年にスコットランドの司法苦情処理委員会（Scottish Legal Complaints Commission）の委員長に就任。２０１２年に情報コミッショナーとなった。２０１７年4月にはスコットランドの公共サービスオンブズマンに転じている。こうした第三者機関がさまざまな分野に存在し機能している英国と比べると、日本はまだまだ立ち遅れているのが現状だ。アグニューさんはこうも言った。

「独立性は強く意識しています。それがなければ、情報自由法の価値は損なわれてしまいますから」

また高裁や最高裁が政府側に厳しい判決を出すケースも目立つ。先に紹介した、英国議会の経費スキャンダルはその一例だ。データがあるわけではないが、日本に比べて裁判所が権力をチェックする仕組みが機能している印象を受ける。

専門家の層の厚さ

三つ目の「歯止め」は、専門家の層の厚さだ。

「情報公開請求を使って書かれた多くの記事はお決まりで退屈ですね。見出しに躍る言葉は『無駄遣い』と『コスト』ばかりです」。そうメディアを厳しく批判するのは、イングランド中部のレスター市役所で情報・危機管理責任者を務めるリン・ワイエス（Lynn

Wyeth）さんだ。レスター市は人口約30万人の中都市。岡崎慎司選手が所属するサッカー・プレミアリーグのレスターシティFCの本拠地でもある。

英国の情報公開担当官の間では、情報公開請求を使った報道を「怠惰なジャーナリズム」（lazy journalism）と非難する声がくすぶっている。典型は「役所のビスケット」だ。「職員のミーティングで出されたビスケットにかかった費用の総額」といった情報公開請求をし、役所はこんなに無駄遣いをしている、と報じるのが一つのパターンだった。

リン・ワイエスさん

英国の情報自由法では、官庁は請求した者を支援しなければならないという規定があり、まとまった記録がない場合は官庁側で情報を集約して提供しなければならない。そのために「ジャーナリストは楽をしている」という批判もある。

だが、注意が必要なのは、ワイエスさんは情報公開制度やジャーナリズムそのものを批判しているわけではないということだ。

「私たちは市民の情報を預かっているだけ、というのが公務員としての私の信条です。市民が決断を下すには十分な情報がなければなりません。開かれた民主主義と報道の自由は英国の重要な価値観です。ジャーナリストは法律をもっと理解して、物事を深く掘り下げるために情報公開請求を使ってほしい。それだけの可能性を秘めた制度なのだから」

ワイエスさんは10年以上、市職員として情報自由法とデータ保護法（個人情報保護法）に関連する分野を担当し、法の理念が身についているのだという。

行政の幹部でありながら、至って気さくな人だった。インタビューの当日、市街地の向こう側の青い空に黒い煙がもくもくと立ち上っていた。何だろうと思いながら市役所に着くと、ワイエスさんがあたふたと階段を下りてきた。「ごめんなさい。変電所の火事の対応でちょっとばたばたして。うちも母親がパーマかけてる最中に停電になっちゃって大変だったんですよ」。からからと笑いながら応接室に案内してくれた。

英国の主要都市では、情報法制が専門の弁護士や元官僚らによる、官庁の実務者向けの講座が開かれており、ワイエスさんも講師の一人として各地を回っている。情報公開請求をめぐり、情報を持っている部署と、情報を出させようとする情報公開担当官との間で論争になるケースも時々耳にするという。

行政の中に専門家が育っているのである。

行政だけでなく、情報公開制度を利用する側の知見も蓄積されている。英国には数多くのNGOやNPOがあり、それぞれの専門分野で情報公開制度を使って調査をし、その結果を発表している。コラム②で取り上げた人権団体「リプリーブ」も、そうした「調査する非営利団体」の一つである。

リプリーブのスタッフ弁護士、ジェニファー・ギブソンさんは、米国の情報自由法も調査に活用しており、英米それぞれの制度のメリット・デメリットをよく把握していた。

「英国の情報公開請求は『○○について知りたい』とメール1本出せばいいので、簡単です。応答も比較的早い。『情報』を請求し、それを政府が探して開示する仕組みなのです。でも、米国では『○○について書かれた文書』といった具合に文書や記録を請求する形なので、その分、開示まで時間がかかるのです。でも、得られる情報は多い。機密情報の場合、米国は文書を黒塗りにして出してきますが、少なくとも量は分かる。それも貴重な情報です。でも、同じ場合、英国では何も出さなくていいんです」

リプリーブが請求した英軍のシリア空爆についての情報も、英国防省は文書ではなく、問い合わせに対する回答という形で開示している。分量はA4の紙2枚。実質的な回答は、

マット・バージェスさん

その中の5行だけだ。日本の情報公開法は、米国の制度を下敷きにしていることもあり、米国と同様、文書ベースの請求／開示が前提だ。付言すると、英国でも請求の際に「〇〇についての文書」と書くことによって、文書を請求することはできる。

若い世代にバトンが受け継がれているのも、層の厚さを物語る。

マット・バージェスさんは２０１７年3月にインタビューした時、まだ27歳だった。テクノロジー系のニュースメディア「WIRED」の記者として普段はアップルやグーグルの新製品やＩＴ業界の動向などについて記事を書いている。

その一方でバージェスさんは『情報公開制度——英国のジャーナリスト向け実用ガイド（*Freedom of Information: A practical guide for UK journalists*）』（未邦訳）という本を２０１５年に出版した。情報公開制度を取材に活用しているジャーナリストや市民団体、国や自治体の情報公開担当者など約70人に取材して、そのタイトルの通り、情報収集のために情報公開制度を効果的に使う方法をまとめた実務的な本である。だが、単にノウハウにとどまらず、情報自由法（情報公開法）の歴史的な背景や課題なども網羅されており、これを読めば英国の情報公開制度の現状がほぼ理解できる優れた書だ。学術論文にもよく引用されている。

この本のベースとなっているのは、バージェスさんがまだシェフィールド大学の学生だった2012年に始めたウェブサイト「FOI DIRECTORY」（情報公開要覧）だ。政府や自治体のほか、情報自由法が適用される公的機関の情報公開請求用メールアドレスを集めたリストを核に、情報自由法をめぐるニュースや情報公開制度を使って書かれた記事のリンク集、情報公開請求をする時のメールのひな形、バージェスさん自身の情報公開に関する記事などが掲載されている。要は、情報公開制度を使う人のためのポータルサイトである。

「始めた動機は単純です。ほとんどの公的機関が情報公開請求用のメールアドレスをウェブで公開していなかったからです。ウェブのフォームから入力するようにはなっていましたが、あれ、面倒じゃないですか」

バージェスさんは大学でジャーナリズムを学び、学生新聞の編集者をしていた。その時に情報公開制度の有用性に気づいたという。「匿名のリークに頼らずに報道ができます。匿名の情報源というのは、情報を出す時にたいてい何かの意図を持っているものです。情報公開にはそれがない。読者にも根拠を示すことができる。そして、それは公権力に説明責任を果たさせることにもなるわけです。制度をどんどん使って、公開される情報の領域を押し広げていかなければなりません」

バージェスさんは大学卒業後、いくつかのメディアを渡り歩いたが、FOI DIRECTORYの更新はずっと続けている。本業もこなしながらというのは大変なのでは、と尋ねると、こんな答えが返ってきた。

「確かに手間はかかります。でも、大事なことだし、自分の知識を蓄積するのに役立つので苦にはなりません。コストですか？　サーバーのレンタル代が年50ポンド（約7000円）くらいかかる程度ですかね」

オンラインのシステムが生み出す可能性

一方で、メールをベースに請求や開示が行われる英国の情報公開システムは、請求者の側に大きなメリットをもたらしている。

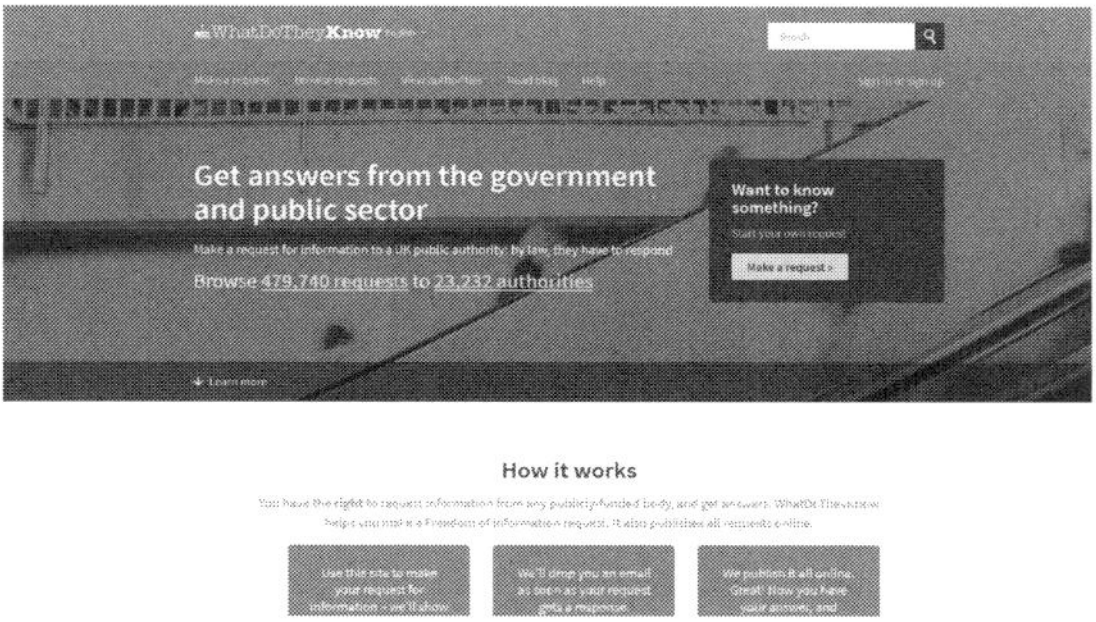

WhatDoTheyKnow のトップ画面

ITを民主主義の向上に生かす活動をしているNPO「マイ・ソサエティ」(mySociety)は、「ワット・ドゥ・ゼイ・ノウ」(WhatDoTheyKnow)というサイトを、情報自由法の施行から3年後の2008年にスタートさせている。情報公開請求をしたい相手の官庁やほしい情報をこのサイトに送信すると、情報公開請求を代行してくれ、その経緯はサイトで公開される。情報や文書が開示された場合は、ワット・ドゥ・ゼイ・ノウが受け取り、サイトで公開すると同時にデータベースに蓄積していく。このデータベースは誰にでも公開されており、すでに国と自治体合わせて50万件近いデータが収容されている。

つまり、既に誰かが請求して開示された資料なら、情報公開請求をしなくても、ここですぐに手に入れることができるのだ。英国の調査報道記者は、情報公開請求をする前にまずワット・ドゥ・ゼイ・ノウを検索するのが基本動作になっているという。

つまり、開示された情報を、官庁と請求者との間だけにとどめず、社会全体で共有しようという仕組みなのだ。これは、請求から開示までオンラインで可能だからこそできることである。

マイ・ソサエティは、ワット・ドゥ・ゼイ・ノウのプログラムをオープン・ソースとして公開しており、ハンガリー、ニュージーランド、ウクライナなど世界25カ国の市民団体がこれを導入して同じ取り組みを始めている。

日本でもできるだろうか。現状ではまだ道は遠い。請求と開示資料の受け取りの両方がオンラインでできるのは、ごくわずかな自治体に限られている。基本的に紙ベースのシステムのままなのだ。電子データで受け取ることもできなくはないが、データの入ったCDが封筒で送られてくるような状況である。いまだに事務にファクスが多用されていることといい、日本は1990年代で時間が止まっているのではないかと言いたくもなる。

マイ・ソサエティのような組織ができた背景には、テクノロジーと民主主義を結びつけようとする技術者の発想がある。日本はその点でも取り組みが遅れていると言わざるを得ない。

このコラムの冒頭で触れたように、情報公開制度をめぐっては英国と日本に共通する課題は多い。だが、学ぶところもまた多いのである。

第4章

個人情報の使われ方と使い方

「自己情報開示」という仕組み

ここまで情報公開制度について書いてきたが、少し視点を変えて個人情報について考えてみたい。「個人情報」という言葉には、「公開」よりも「保護」や「非公開」という言葉がセットになることが多い。プライバシーがむやみに公開されるのは確かに困る。

だからこそ、個人情報をめぐっては、自分の情報は誰にどう使われているのか――という「気持ち悪さ」も付きまとう。だとすれば、誰が自分の情報を利用したのか、見に来たのかを知ることができれば安心できるし、不正利用されたり乱用されたりする事態も防げるかもしれない。一言でいえば、透明化による抑止である。

「自己情報コントロール権」という考え方がある。文字通り、自分の情報を自分でコントロールする権利のことだ。自衛隊のイラク派遣反対運動をしていた市民が、陸上自衛隊情報保全隊に監視されていたとして、国に監視差し止めや賠償を求めた訴訟では2012年、仙台地裁が自己情報コントロール権を「法的に保護に値する」と認めて国に賠償を命じるなど、この考え方は日本でも定着しつつある。

あまり知られていないが、実は個人情報保護法制にも、同じような考え方に基づいた仕組みがある。「自己情報開示」と呼ばれる制度だ。行政機関や企業は、個人の請求があれば、その個人に関して保有している個人情報を本人に開示しなければならない。

これを使って、自分の情報がどのように使われているか調べてみたらどうなるか――。かねて考えていたことを2015年暮れから16年はじめにかけて実行してみた。

Tポイントカードの情報を請求

自己情報開示は、民間を対象にした「個人情報保護法」と、政府や自治体を対象にした「行政機関個人情報保護法」の双方で定められている。その手続きは情報公開請求とよく似ている。所定の用紙で請求をすると、役所や企業が情報を探し、一定期間後に本人に開示する。ただし、情報公開請求と違い、本人であることを証明する書類が必要だ。

まずは「Tポイントカード」の情報を請求してみた。レンタル大手「TSUTAYA」のあのカードだ。今やコンビニエンスストアやカフェなど、さまざまな店でポイントがたまる。「Tカードはよろしいですか」とレジの店員に言われると、つい出してしまう。

Tカードを運営するカルチュア・コンビニエンス・クラブ（CCC）のウェブサイトに請求の方法が載っている。「Yahoo! ID」があればインターネットでも請求できるが、ないので郵送することにした。

用紙はサイトからダウンロードできる。希望の項目にチェックを入れるようになっており、「ポイントプログラム等の提供先における利用の履歴」「ポイントの付与又は使用等に関する情報」という項目を選んだ。自分の買い物の記録がどこに提供され、それがどのように使われているかが分かるのではないかと思ったからだ。

ポイント開示されるのは、請求時点で保有している情報だという。だが、手数料が高い。特に「ポイントプログラム等の提供先における利用の履歴」は3000円もかかる。手数料と送料計4400円を定額小為替で同封して発送した。今回は請求しなかったが、DVDのレンタル履歴なども請求することができる。

コーヒー、炭酸水、ヨーグルト…

正月明けには封書が届いた。私のポイント履歴は、2014年11月からほぼ1年分の172件。ブレンドコーヒー、炭酸水、おにぎり、ヨーグルト……、商品名と値段、使った店名と利用日がびっしりと並んでいる。大半が会社のビル内の「ファミリーマート」での買い物だ。「こんなにコーヒーや炭酸水を飲んでいたのか」と我ながら驚く。ヨーグルト

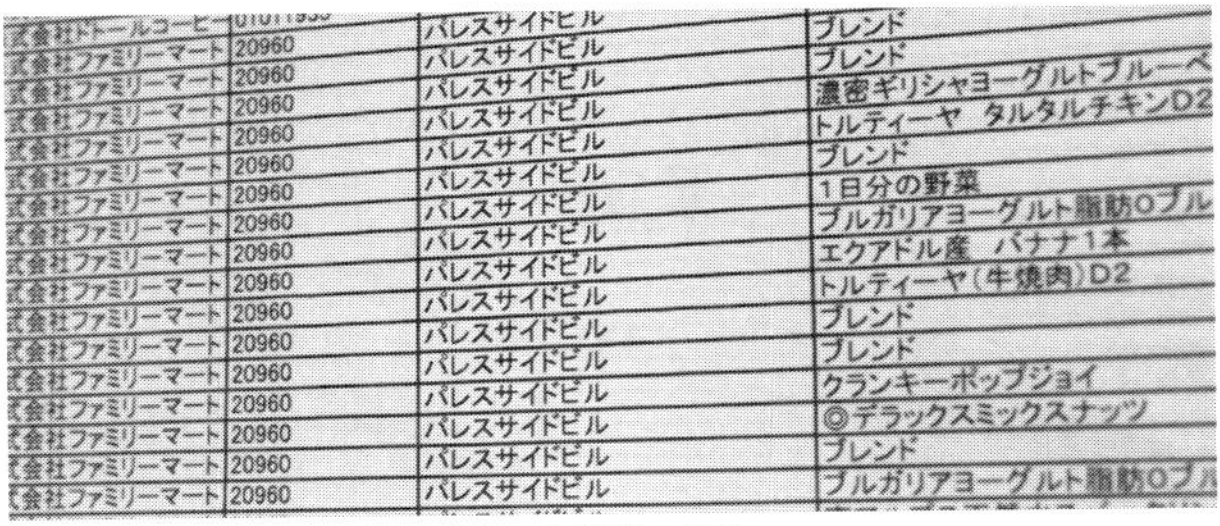

式会社ドトールコーヒー	[illegible]	パレスサイドビル	ブレンド
式会社ファミリーマート	20960	パレスサイドビル	ブレンド
式会社ファミリーマート	20960	パレスサイドビル	濃密ギリシャヨーグルトブルーベ
式会社ファミリーマート	20960	パレスサイドビル	トルティーヤ タルタルチキンD2
式会社ファミリーマート	20960	パレスサイドビル	ブレンド
式会社ファミリーマート	20960	パレスサイドビル	1日分の野菜
式会社ファミリーマート	20960	パレスサイドビル	ブルガリアヨーグルト脂肪0プル
式会社ファミリーマート	20960	パレスサイドビル	エクアドル産 バナナ1本
式会社ファミリーマート	20960	パレスサイドビル	トルティーヤ(牛焼肉)D2
式会社ファミリーマート	20960	パレスサイドビル	ブレンド
式会社ファミリーマート	20960	パレスサイドビル	ブレンド
式会社ファミリーマート	20960	パレスサイドビル	クランキーポップジョイ
式会社ファミリーマート	20960	パレスサイドビル	◎デラックスミックスナッツ
式会社ファミリーマート	20960	パレスサイドビル	ブレンド
式会社ファミリーマート	20960	パレスサイドビル	ブルガリアヨーグルト脂肪0プル

CCCから開示された私のポイント提供の記録

も目立つ。小腹が空いた時に「太らなそうなものを」と考えると、ついヨーグルトに目が行ってしまうのだ。

取材先で入った「ドトールコーヒー」や、休日に自宅近くのスーパーマーケット「マルエツ」でミョウガやネギを買った記録などが混じる。第三者がこのリストを見れば、私の行動範囲や嗜好はだいたい分かってしまうだろう。

だが、これらのデータが具体的にどこに提供されているのかは開示されなかった。「ポイントプログラム等の提供先における利用の履歴」とは、CCCがポイントサービスの仕組みを提供している店で、私がどのようにポイントをためたり使ったりしたか、という履歴のことであり、ポイント情報がどこに提供されているか、ということではなかったのだ。

ただ、CCCのサイトに一定の説明は載っている。それによると、これらの情報のうち、住所・氏名を取り除いたものが「提携先企業」に提供され、マーケティングに利用される。

情報が提供される可能性のある企業は2018年7月18日現在、130社。毎日新聞社もその一つだ。提携先企業のリストは公表されており、特定の会社に情報を提供させないようにする手続きもある。

こうした民間のポイントサービスは、自分の行動記録を企業に売って対価を得ているという側面がある。把握されたくない時はカードを使わなければいい。こちら側にも裁量の余地があるのだ。しかし、公的機関の場合はそうはいかない。

自分の住民票に誰がアクセスしたか

住民票はどうだろう。「私の住民票に誰がアクセスしたか知りたい」と、私が住む都内の区役所の窓口で頼むと、中年の男性職員が手際よく説明してくれた。時々、同じような請求があるのだという。指示に従い、窓口で手渡された自己情報開示請求書に次のように記入した。

▼自己に係る住民票等交付申請書の写し

前年度まで保存しているというので、期間は2014年4月以降とした。

コンピュータシステムに残るアクセス記録（ログ）のようなものを想定したのだが、職員によれば「ログだけ見ても分からない。ログを手がかりに誰がアクセスしたかを調べ、交付申請書を探すことになる」とのことだった。閲覧や写しの交付には、必ず申請書が提出されるので、それでアクセスが分かるという。

10日ほどして開示決定通知書が届いた。拍子抜けの結果だった。窓口で渡されたのは、2014年に自分で取った住民票の交付申請書の写しだけ。何のためだったか忘れてしまったが、アクセスしたのは自分だけ、ということになる。

所得税の情報は？

所得税の情報はどうか。私は毎日新聞社員なので源泉徴収されている。どこに自分の情報があるのか見当がつかなかったので、とりあえず、国税庁の情報公開窓口に行ってみた。窓口は財務省と共通で、霞が関の旧大蔵省時代からの古めかしい建物を入ってすぐのところにある。

しばらくしてやって来た若い男性職員は「こちらではないですね。所得税の記録は基本的には税務署にあるはずですが、源泉徴収の場合はあるかどうか…。とりあえず、地元の税務署に問い合わせてみてください」

翌日、地元の税務署を訪ねると、窓口の女性職員はこう説明してくれた。「源泉の場合、こちらに記録は残りません。勤務先の組織がまとめて納める形になっているからです。ただ、住民税の処理のために、勤務先からお住まいの自治体に『給与支払報告書』が行っているはずです」

そこで改めて区役所に、給与支払報告書とそれを第三者に提供したかどうかを示す文書を開示請求することにした。税務担当課の窓口で、あらかじめ区役所のサイトからダウンロードして印刷した請求書を示すと、女性職員が困惑した様子で奥の席の同僚に相談に行った。こんなことをする区民はめったにいないらしい。別のカウンターで待つように言われ、10分ほどすると、男性係長がマニュアルを片手に現れた。趣旨を説明すると、係長は「こちらの事務に使うだけで、第三者に提供することはないですけどね」と言いながらも、請求のための文案を示してくれた。

「株式会社毎日新聞社から提出されている平成27年分の給与支払報告書（請求者に関

するもの）」

「前述の課税資料について、第三者に対して提供しているか否かを示す資料」

その通りに請求書に書いて提出すると、1週間後に開示の通知が自宅に郵送されてきた。区役所で開示文書を受け取ると、見慣れた源泉徴収票と同じ内容の報告書だった。第三者提供を示す文書については「不存在」との回答だった。

運転免許証の情報請求に「構える」警視庁

後味が悪かったのは運転免許証だ。

運転免許証には住所や氏名、本籍、国籍、顔写真など、住民票よりも広範囲の情報が含まれている。2015年末に東京・霞が関の警視庁本部の「情報公開センター」を訪ねた。自己情報開示も情報公開請求と同じ窓口で受け付けている。

かつて警視庁担当記者だった時は記者証を見せれば自由に出入りできたが、一市民としてここを訪れると、なかなか敷居が高い。

まず、正面玄関から入ろうとすると、外にいる警備の警察官に「どんなご用件でしょう」と尋ねられた。「情報公開センターに」と答えると「どうぞ」と通してくれたが、玄関を入ったところに受付があり、用件と氏名を紙に書いて提出しなければならない。受付の職員が担当者に電話を入れる。「迎えが来ますので、しばらくお待ちください」。玄関脇の小さな待合室で５分ほど待つと、中年の女性職員がやってきた。

職員に案内され、正面玄関から中央の廊下を突っ切ってちょうど反対側にある情報公開センターの部屋に入る。すると、既に男性２人女性１人の若い係官３人がカウンターの向こう側に座って待っていた。向かい合う距離は数十センチ。こちらは１人だ。かなり圧迫感がある。何かものすごく構えている感じだ。

中央の女性が主に応対した。趣旨を説明すると、「運転経歴証明とか、そういうことでしょうか」と言う。運転経歴証明は交通違反などの記録を証明する書類だ。そうではない。再度説明すると、今度は横から男性の係官が「免許証の情報を第三者に提供することなんて、ないですよ」と答える。

だが、額面通りには受け取れない。警察担当記者をしていた時代、運転免許証の情報を捜査に使う事例はいくつも耳にした。交通部の幹部警察官がかつて、こんなことを言っていた。「厳密にいえば、捜査関係事項照会[16]をしてもらわないといけないのかもしれないが、実際はそんなことはしない。捜査の人たちは、関係のありそうなところをごそっと持っていく」。もちろん、この時は一市民として来ていたので、そういうことは口に出さなかった。

警視庁の窓口の係官たちの言葉には「なるべくなら請求しないで済ませてほしい」というニュアンスが漂っていた。「第三者への提供がないというなら、それを確認するためにも請求をしたい」と、さらに説明すると、女性係官は「少々お待ちください」と、ドアの向こうの部屋に消えた。5分ほどして戻ってくると、「では、このように書いていただけますか」とメモを示した。

「私の運転免許証に関して他の行政機関からの照会に対する運転免許本部長からの回答書（捜査機関からの照会を除く）」

16——刑事訴訟法197条に定められた捜査のための手続き。捜査機関は「公務所又は公私の団体に照会して必要な事項の報告を求めることができる」と規定されている。警察や検察などが他の行政機関や企業などに情報提供を求める時は「捜査関係事項照会書」を相手に渡して回答を求める。携帯電話の番号から、その所有者や通話履歴、位置情報を調べたり、預金口座の出入金を調べたりする時などによく使われている。裁判所が出す令状と違い、強制力はない。

「捜査機関からの照会を除く」と書くのは、都の個人情報保護条例に「法令に基づく場合」、つまり、犯罪捜査の場合は本人の同意なく個人情報を第三者に提供できるという規定があるからだと説明を受けた。確かに都条例だけでなく他道府県の条例、そして個人情報保護法、行政機関個人情報保護法にも同様の規定がある。なぜ、わざわざ書かなければならないのだろう、と少し引っかかったが、それまでのやり取りに閉口していたこともあり、そこは従うことにした。

しかし、今考えれば、やはり釈然としない。「捜査機関からの照会を除く」と書くのは拒むべきだったと反省した。たとえ法律や条例に例外規定があって、情報の開示が期待できないとしても、わざわざこちらから請求の範囲を限定しなくてもよかった。捜査機関からの照会があったかどうかは、最も知りたいことの一つだったからだ。もしかしたら、犯罪捜査でないのに捜査機関に情報が提供されているケースがないとも限らない。

一方、警視庁側が提示した文言の中の「行政機関」は「他の機関」に直した。行政機関に限りたくなかったからだ。そして、あらかじめ警視庁のサイトからダウンロード・印刷して持参した保有個人情報開示請求書に記入し、受理された。改めて請求の文言を記しておきたい。

別記様式第１号（第２条関係）

保有個人情報開示請求書

年　月　日

東京都公安委員会　殿

住所又は居所
開示請求者　氏　名
電話番号

東京都個人情報の保護に関する条例第１３条第１項の規定に基づき、次のとおり開示請求をします。

<table>
<tr><td colspan="2">１　請求に係る保有個人情報の内容</td><td colspan="2"></td></tr>
<tr><td colspan="2">２　開示の区分（希望する開示方法を○で囲んでください。）</td><td colspan="2">（１）閲覧
（２）視聴
（３）写しの交付</td></tr>
<tr><td rowspan="3">３　法定代理人による開示請求の場合の本人の氏名等</td><td>本人の状況</td><td>右のうち該当するものを○で囲んでください。</td><td>（１）未成年者（１５歳未満）
（２）未成年者（満１５歳以上）
（３）成年被後見人</td></tr>
<tr><td>本人の氏名</td><td colspan="2"></td></tr>
<tr><td>本人の住所又は居所及び電話番号</td><td colspan="2"></td></tr>
<tr><td rowspan="2">受付処理欄</td><td>請求者本人確認欄</td><td colspan="2"></td></tr>
<tr><td>請求資格確認欄</td><td colspan="2">（１）戸籍謄本　（２）その他（　　　　　　）</td></tr>
<tr><td colspan="2">備　考</td><td colspan="2">受付年月日　　年　月　日
受付窓口
整理番号</td></tr>
</table>

注１　請求に係る保有個人情報の内容欄は、開示請求を行おうとする保有個人情報が特定できるよう具体的に記載してください。
２　法定代理人による請求又は死者に関する情報のうち、請求者を本人とする保有個人情報と認められるものに係る請求の場合は、請求者であることを証明する書類に加え、資格を有することを証明する書類を提出し、又は提示してください。
３　本人の住所又は居所及び電話番号欄には、本人の連絡先が本人の住所又は居所及び電話番号と異なるときは、連絡先も併せて記載してください。
４　受付処理欄及び備考欄は、記載しないでください。

警視庁の保有個人情報開示請求書

▼私の運転免許証に関して他の機関からの紹介に対する運転免許本部長からの回答書（捜査機関からの照会を除く）

「存否を明らかにしないで、開示請求を拒否します」

係官らの表情は終始硬かった。そもそも、1人で訪れる請求者に3人がかりで対応する役所など、他に経験したことがない。警察組織の外界に対する警戒感のようなものが、ひしひしと伝わってきた数十分間だった。

警察担当記者時代から思っていることだが、日本の警察は過敏ともいえるほど組織防衛的で、硬直した体質がある。市民への情報公開や情報提供を積極的にすれば好感度は高まり、組織にとってもプラスになるはずなのに。もっと戦略的な情報発信ができないのだろうかと、いつも思う。

1カ月ほどして送られてきた通知書には、意外なことが書かれていた。

「存否を明らかにしないで、開示請求を拒否します」

私の運転免許証情報を他の機関に提供したかどうか自体を明かさない、ということだ。

「存否応答拒否」と呼ばれる対応だ。これでは請求の文言をどう工夫しても仕方がない。通知書には次のような理由が記されていた。

「運転免許本部長に対する他の機関等からの照会は、各種法令等に基づき、取締りや租税の賦課又は徴収に係る事務等の目的を達成するために行われる調査等である。本件開示請求に係る保有個人情報の存否を答えることとなると、何らかの機関からの照会の有無が明らかとなり、他の情報や開示請求者本人の実体験等と照合することによって、開示請求者本人がいかなる関係機関の調査の対象とされているか否かという事実や照会の進捗状況等が推認され、その結果、当該関係機関の調査目的を達成することが困難になるなど、調査事務の適正な遂行に支障を及ぼすおそれがあると認められるため」

平たく言えば「何か悪いことをしている人間が、調べられていることに気づいてしまうから」ということだろう。確かに、そのような事態を想定して、情報公開や個人情報保護法制には存否応答拒否の規定があり、都条例も例外ではない。

しかし、私には「何か調べられているかもしれない…」という気持ち悪さだけが残った。行政機関側が「調査事務の適正な遂行に支障を及ぼすおそれがある」と言いさえすれば、たとえ相手が善良な市民であっても情報開示をしないで済むことになる。自己情報コントロール権、あるいは透明性の確保といった観点は、そこにはない。

マイナンバー制度のチェック機能

一方、2015年から段階的に始まったマイナンバー制度には、自分の情報がどう使われているかを自分でチェックできる制度が設けられている。マイナンバー制度は、日本に住む全ての人（外国人を含む）に12桁の個人番号（マイナンバー）を割り当て、その番号で税や社会保障に関係する個人情報を結びつけて管理する制度だ。

マイナンバーの記されたICカード「マイナンバーカード」を申請して受け取った人は、パソコンのカードリーダーや近距離通信機能（NFC）のあるスマートフォンにカードをセットすることで、個人用のポータルサイト「マイナポータル」にアクセスすることができる。このサイトで、自分の情報がどのように記録され、どのようにやり取りされているかを確認することができる。形の上では、いわば国民の側から運用を「監視」する仕組みといえる。

しかし、マイナンバー制度を定める「行政手続における特定の個人を識別するための番号の利用等に関する法律」（マイナンバー法）では、「公益上の必要がある時」は、マイナンバーにつながる情報を第三者に提供できることになっている。この場合は自分の情報が提供されたとしても、マイナポータルでは確認できない。提供先は主に捜査機関が想定され、マイナンバー制度の運用を監視する第三者機関「個人情報保護委員会」の権限も及ばない。

前述したように「法令に基づく場合」であれば、本人の同意なしに、つまり本人に黙って個人情報を外部に提供することを認める例外規定は、マイナンバーだけでなく、官民を問わず、すべての個人情報にある。それは運転免許証の自己情報開示の件でも分かるように、一種のブラックボックスになってしまっている。

身を守る手段にもなる自己情報開示

自己情報開示制度は、自分の身を守る手段にもなる。ひょんなことから、英国滞在中に身をもって体験することになった。

２０１７年3月下旬、ロイタージャーナリズム研究所の客員研究員としてオックスフォードに滞在していた私は、自分の銀行口座がカラになっていることに気がついた。現地で私は、日本の都市銀行のデビットカード[17]を買い物や現金の引き出しに使っていたのだが、

3月12日から18日にかけて、20ポンド（約3000円）から600ポンド（約9万円）の額が計21回にわたって引き出され、計約8000ポンド（約120万円）にも達していた。まったく身に覚えがない。カード詐欺に巻き込まれてしまったのだ。

すぐに銀行に国際電話を入れ、カードを無効にしてもらった。銀行の説明によれば、一連の現金引き出しはいずれも、オックスフォードから列車で1時間くらいのところにあるスラウ（Slough）という町にある大型スーパーマーケット「テスコ」（Tesco）内のATMからだったという。ロンドンに行く時に列車はスラウ駅を通過するので、そういう町があることは知っていたが、一度も降り立ったことのない土地だった。

スキミングでカード情報を盗まれた？

何者かが私のカード情報をスキミング[18]し、その情報でクローンのカードを偽造してスラウのテスコで現金を下ろしたに違いない。あるいは情報を盗む者とカードを偽造する者が連携した組織犯罪なのかもしれない。犯罪組織と通じた店員が会計の時にこっそりスキミングしたり、監視カメラで暗証番号の入力を盗み見したり、といったこともあるらしいが、どこでそのような不正行為をされたのか、まったく心当たりがなかった。

「申し訳ない。この国ではよくあることなんだ。僕もやられたことがある」。ロイター研究所の幹部に相談すると、そう言われた。彼のアドバイスに従って、おっかなびっくりオックスフォード警察署に被害届を出しに行ったら、カウンターの女性警察官は「ああ、はいはい。このサイトから届けておいてくださいね」と、URLの記されたパンフレットを1枚くれただけだった。カード詐欺被害専用の届け出フォームが用意されていて、全英の警察が被害情報を共有する仕組みなのだった。ある意味、効率的ではあるが、それだけ被害が多いということでもあるだろう。サイトには「必要になった場合は警察から連絡します」という趣旨のことも書かれており、捜査にはあまり期待できない感じだ。被害が多すぎる上に財政難で警察官が減らされ続けていることから、犯人が捕まることはまずないだろうというのが、オックスフォードの英国人たちに共通する見立てだった。

17——金融機関の預金口座とセットになったカード。クレジットカードは使った額が後日、口座から引き落とされるが、デビットカードは、カード払いをした瞬間に口座から引き落とされる。ATMから現金を引き出すことも可能で、その場合はキャッシュカードと同じ働きをすることになる。

18——「スキマー」と呼ばれる特別な装置を使って、カードからひそかに情報を読み取る不正行為。スキム(skim)は、さっと読む、すくい取るなどの意。

図書館の入退館記録で「無実」を証明

人が一生懸命稼いだ大金を、労せずしてかすめ取っていった犯人には腹が立つ。ただ、被害を回復する方法はある。カード詐欺に遭った場合、保険で被害額を補償してくれる仕組みがあるのだ。だが、銀行の担当者は国際電話の向こうで不吉なことを言った。

「偽造カードで家電製品が大量に買われたりするケースは、明らかに不自然なので保険は下りやすいんです。でも、現金の場合は難しい。ATMから引き出したのがご自身でないことを証明していただかなければならないからです。とりあえず、現金が引き出された時間帯の行動を証明できる資料をなるべくたくさん集めてください」

アリバイ証明をしなければならないというわけだ。

犯人が現金を引き出した時間帯をよく見てみると、私はオックスフォード大の図書館で資料を読んだり、原稿を書いたりしていたはずだった。図書館を入退館する際には、IDカードを読み取り機に通してゲートが開く仕組みになっていた。大学には私の入退館記録が残っているはずだ。これを自己情報開示請求で入手すれば、強力な証拠になるのではないか――と思いついた。

11/03/2017 14:27	Social Science Library	SSL Entrance	In
12/03/2017 14:54	Bodleian Plus Radcliffe Camera	North Desk Entry	In
12/03/2017 16:45	Bodleian Plus Radcliffe Camera	North Desk Exit	Out
13/03/2017 09:14	Social Science Library	SSL Entrance	In
13/03/2017 12:19	Social Science Library	SSL Entrance	In
13/03/2017 15:45	Bodleian Plus Radcliffe Camera	North Desk Entry	In
13/03/2017 17:08	Bodleian Plus Radcliffe Camera	North Desk Exit	Out
14/03/2017 11:49	Bodleian Plus Radcliffe Camera	North Desk Entry	In
14/03/2017 12:32	Bodleian Plus Radcliffe Camera	North Desk Exit	Out
15/03/2017 13:49	Bodleian Plus Radcliffe Camera	South Desk Entry	In
15/03/2017 18:32	Bodleian Plus Radcliffe Camera	North Desk Exit	Out
16/03/2017 12:40	Bodleian Plus Radcliffe Camera	North Desk Entry	In
16/03/2017 15:53	Bodleian Plus Radcliffe Camera	North Desk Exit	Out
17/03/2017 09:14	Social Science Library	SSL Entrance	In
17/03/2017 13:27	Bodleian Plus Radcliffe Camera	South Desk Entry	In
17/03/2017 18:05	Bodleian Plus Radcliffe Camera	South Desk Exit	Out
18/03/2017 11:38	Social Science Library	SSL Entrance	In
20/03/2017 09:56	Bodleian Plus Radcliffe Camera	North Desk Entry	In

オックスフォード大が開示した私の図書館入退館記録の一部。左から日時、図書館名、出入口、入館／退館の別——が記されている。

英国にも個人情報保護法がある。「データ保護法」（Data Protection Act）と呼ばれ、日本と同様、官民問わず、個人情報を保有している組織は、本人からの請求に応じて40日以内に個人情報を開示しなければならない。手数料が1件あたり10ポンド（約１５００円）必要だ。

そこで私は、私立大学であるオックスフォード大に、事件当日の図書館のＩＤカード読み取り記録を開示請求することにした。同時に「ダメでもともと」と、図書館のスタッフに事情を説明して任意でデータを出してもらえないか頼んでみた。

すると意外にも、図書館から即日、私がオックスフォードに滞在を始めた２０１６年10月以降のすべての入退館記録がエクセルファイルに保存され、メールに添付されて送られてきた。開示請求について

オックスフォード大社会科学図書館の入館ゲート

も、1カ月ほどして封書で記録が宿舎に届いた。

開示請求ではないが、自分のノートパソコンの無線LAN接続記録も取り出してみた。オックスフォード大の図書館にはエデュロム（eduroam）と呼ばれる、世界の多くの教育研究機関で使われている無線LANが導入されている。この接続記録があれば、その時間帯は少なくとも私がスーパーのATMの前にはいなかった傍証にはなる。

このほか、スマホの位置情報を携帯電話会社に請求してみたり、私のデビットカードの使用記録をテスコに請求してみたりしたが、いずれもうまくいかなかった。スマホについては「その番号の電話機は、あなたの名前で登録されていない」との理由。住所や氏名などの登録が不要なプリペイド式のスマホを使っていたためと思われる。デビットカードについては、私が実際に買い物をした際の記録は出てきたが、犯人による現金引き出しの記録はなかった。ATMはスーパーではなく現地の銀行が管理していたためだった。

「全額補償されました。既に振り込んであります」――と、銀行の担当者からうれしい電話があったのは、帰国後の2017年8月のことだった。図書館の入退館記録を核に、自分の行動をこと細かに文書にして提出したのが奏功したようだった。担当者は「こんなにデータを用意してくださった方はいませんよ」とほめてくれた。

「マイナンバー国家」エストニアの発想

現代は、あらゆるところにデジタルの「足跡」が残る時代である。好むと好まざるとにかかわらず、私たちは毎日、必ずどこかで記録されている。それを国家権力や企業、あるいはよこしまな考えを持つ人間が監視やのぞき見に利用することも可能だ。一方で、私のカード詐欺のケースのように、個人にとっての大きな味方になることもある。鍵になるのは、どれだけ個人の側に個人情報が開かれているかということだろう。

世界有数の電子政府として知られる欧州のエストニアは、一つのヒントになるだろう。

エストニアでは15歳以上の国民にIDカードの所持が義務づけられている。顔写真や氏名、生年月日、11桁の番号が記載され、ICチップには電子署名などが収められている。このID番号のもとに住民登録、年金や納税の記録、不動産登記から診療記録、銀行口座まで、官民を問わず、さまざまな個人情報が統合されている。いわば、究極の「マイナンバー国家」だ。

この番号とPINコード（暗証番号）を使ってポータルサイトにアクセスすれば、行政の手続きやネットバンキングなどができるのだが、それだけではない。自分の個人情報を誰が見に来たかの「足跡」もすべて確認できるのである。捜査機関によるアクセスも例外ではない。犯罪誘発や証拠隠滅の恐れがある場合は、こうした閲覧記録を伏せることも可能だが、裁判が始まれば明らかにされるという。徹底した自己情報開示制度が、「下からの監視」を可能にしているといえる。

一方で政府の文書は原則としてネットで公開され、不動産や法人の登記簿もネットで閲覧できるなど、情報公開制度も進んでいる。

元エストニア経済通信省幹部で、日本を拠点に活動する経営コンサルタント、ラウル・アリキビ氏（36）は2016年2月29日の毎日新聞朝刊で、私のインタビューに「エストニアでは情報公開が進んでいるため、『政府による国民監視が強まる』というような心配をする人はほとんどいない」と答えている。透明性の確保によって信頼性を高めようという発想が背後にあるという。

こうしてみると、個人情報保護と情報公開は表裏一体ということができる。個人情報を単に国家や自治体に「保護」してもらうのではなく、自分の情報がどう扱われているのかを個人の側からも常にチェックし、またチェックしやすい制度を求めていく必要があるのではないだろうか。

第5章

情報公開制度とは？

情報公開制度を持つ国は115カ国

そもそも情報公開制度とは何なのか。

端的に言えば、官庁や公的機関が持っている情報に誰もがアクセスできることを法的に保障する制度である。人々が知りたい情報を請求する。それに応じて官庁側は文書や記録を探し出し、請求者に開示するというものだ。その歴史や背後にある考え方、そして仕組みについて改めて触れておきたい。

日本も含め、情報公開制度を持つ国は増え続けている。言論の自由や情報公開を推進するNGO「アーティクル19」（Article19）と「フリーダム・インフォ」（FreedomInfo.org）によると、この制度を持つ国は1990年には世界に13カ国しかなかったが、2016年には115カ国にまで増えている。世界人口70億人のうち50億人が情報公開制度の下で生活している計算だ。

実はロシアや中国など非民主的とみられている国にも情報公開制度はある。もちろん、課題はたくさんあるのだが、意外な側面もある。たとえばロシアは、NPO「国際予算パートナーシップ」（The International Budget Partnership）が実施している世界各国の政府予算の「透明度調査」[19]によると、２０１７年は調査対象１１５カ国中17位で、27位の日本を上回っている。この調査は、予算関連の文書がどの程度国民に公開されているかなど、１４５の指標に基づいて評価がなされている。

中国の場合は、法ではなく行政的な規則に基づいている。民主化というよりも汚職防止の観点から導入された。まず地方政府が先行し、２００８年には中央政府を対象とした「政府情報公開条例」が施行された。「特別な必要性」がなければ請求できないなど、さまざまな制約があるが、現地紙の記者によれば、環境問題の分野を中心に、ジャーナリストや弁護士がこの制度を活用して調査をする事例が少しずつ出てきているという。

また、世界銀行や国際通貨基金などの国際機関が融資をする際、汚職防止の担保の一つとして情報公開法の導入を求めるケースもある。発展途上国の中には、こうした実利的な観点から情報公開法を導入したところもあるとみられる。

19——https://www.internationalbudget.org/open-budget-survey/

民主主義の根幹としての「情報の自由」

とはいえ、その核心は民主主義的な価値観であり、情報公開制度の広がりは民主主義の広がりと軌を一にしているといってもいい。情報公開制度は、国際的には「ＦＯＩ」と呼ばれることが多い。Freedom of Information（情報の自由）の略称である。日本でいう情報公開法は、多くの国では「情報自由法」と呼ばれていて、個人的にはこの言い方のほうが好きだ。「公開」は手続きを表す言葉であって、行政的なニュアンスが含まれるのに対し、「自由」にはもっと根源的な価値観が含まれていると思うからだ。

世界最初の情報公開法「出版自由法」（Freedom of the Press Act）は１７６６年にスウェーデンで創設された。二番目は、情報自由法（Freedom of Information Act）が１９６６年に成立した米国である。その後、１９８０年代になって世界各国に波及するようになる。日本でもその頃から、政府に先行する形で、情報公開条例が相次いで自治体に導入されるようになった。

情報の自由とは、情報へのアクセス権がすべての人に平等に保障されていることであり、それは民主主義の根幹として位置づけられている。１９４６年の国連決議[20]では次のように定義づけられている。

情報の自由は基本的人権であり、すべての自由の試金石である。情報の自由は、何の束縛もなく情報を集め、伝え、報道することを含む。

日本では自治体が先行

日本の情報公開法制は、世界的に見れば比較的長い歴史を持っている。

情報公開法の制定を求める機運が高まり始めたのは1970年代だ。サリドマイドなどの薬害、深刻化する公害、そして金権政治などへの危機感が背景にあり、80年には「情報公開法を求める市民運動」が、市民や研究者、法律家などによって設立された。こうした流れを受けて82年3月には山形県金山町《かねやままち》が全国に先駆けて、同年10月には神奈川県が都道府県としては初めて情報公開条例を制定。以降、各地の自治体で条例の導入が進んでいっ

20——Calling of an international conference on freedom of information, 59(1), Resolutions adopted by the General Assembly during its first session at 1946

た。特に神奈川県は数年にわたる検討を重ねた結果で、自治体への情報公開制度導入に先鞭をつけたと評価されている。

「1970年代以降、住民参加を重要な課題と認識するようになった地方公共団体では、この情報公開を住民参加の不可欠の前提として導入するようになってきた」と、憲法学者の松井茂記《しげのり》氏は著書で指摘している。[21]

しかし、国の動きは鈍かった。1993年に自民党政権が初めて下野し、細川連立内閣が成立すると、ようやく政府機関を対象とした情報公開法の制定に向けた議論が始まった。95年、自社さ政権の村山内閣で総理府（当時）の行政改革委員会に「行政情報公開部会」が設けられ、細部が詰められたが、その名が示すように行政改革の一環と位置づけられていた。橋本政権下の98年に法案が国会に提出され、小渕政権下の99年4〜5月に、衆参両院において全会一致で可決され、成立した。正式には「行政機関の保有する情報の公開に関する法律」という。

96年に情報公開法を成立させた韓国に次いで、アジアでは2番目の制定国となった。

その2年後の2001年4月に施行され、02年10月には独立行政法人を対象とした「独立行政法人等の保有する情報の公開に関する法律」も施行された。日本ではこの二つの法律が一般的に情報公開法と呼ばれている。

その名が示すように、法によって情報公開が義務づけられているのは行政機関と独立行政法人だけだ。三権分立の三権でいえば、司法（裁判所）と立法（国会）は対象外となっている。

裁判所と国会には、内規に基づいた情報公開制度が設けられている。行政と手続きはほぼ同じで、情報が公開されなかった時に第三者機関の審査会が異議申し立てを審査する仕組みもある。ただし、法に基づいた制度ではないので、不開示決定に不服があっても、情報公開法が定める情報公開訴訟を起こすことはできない。また、双方とも情報公開の対象は事務局の資料に限られ、裁判資料や議員による法案立案、国会審議に関する資料は対象外となっている。

珍しいところでは、ＮＨＫと各高速道路会社にも、法律に基づかない情報公開制度がある。特殊法人であるＮＨＫは、独立行政法人情報公開法の施行を契機に、内規に基づく情報公開制度を設けた。また高速道路会社は、日本道路公団から民営化された際の関連法に、

21――松井茂記『情報公開法入門』岩波新書、２０００年。

独立行政法人に準じた情報公開をするよう国会で附帯決議が付されたことが背景にある。

情報公開は義務

情報公開法の第1条には「国民主権の理念にのっとり、(中略) 政府の有するその諸活動を国民に説明する責務が全うされるようにするとともに、国民の的確な理解と批判の下にある公正で民主的な行政の推進に資することを目的とする」と書いてある。

主権者である国民が国政を最終的に決定する権限を持つというのが、日本国憲法の定める国民主権だ。そのためには、政府が何をしているのかを知る機会が国民に保障されていなければならない。国連決議が「情報の自由は基本的人権」と位置づけたのは、こうした文脈があってのことである。

この点、日本の情報公開法には政府の「説明する責務」だけが記されていて、国民の「知る権利」には言及がない。政府側ではなく請求者側の視点から「知る権利」を明記すべきだという指摘は制定当時からずっとあった。民主党政権下の2011年に政府が国会に提出した情報公開法改正案には「知る権利」という言葉が入ったが、審議されないまま廃案となり、今に至っている。

例外規定にも問題がある。基本的には、開示することによって▽国の安全がおびやかされる▽犯罪捜査に支障がある▽他人のプライバシーを侵害する▽企業や個人の利益を侵害する――などの場合は開示しなくてもいいと定められ、情報の開示義務を規定した第5条にセットで示されている。

だが、中には「事務又は事業の適正な遂行に支障を及ぼすおそれ」などの漠然とした規定もある。「内部での率直な意見交換が不当に損なわれるおそれ」「不当に国民の間に混乱を生じさせるおそれ」など、「よらしむべし、知らしむべからず」という先入観を国民に対して持っているのかと言いたくなる条文もある。実際、こうした例外規定のために、黒塗りにされたり、最初から不開示扱いだったりする情報が相当あるのが実情だ。

とはいえ、法の制定は画期的なことだった。それまでは非公開が基本で、政府側の都合や好意で公開されていたのが、法の制定以降、それが逆転し、公開が基本で非公開は例外、という構図になったのである。もちろん、それは自治体の情報公開条例でも同じことである。

開示を拒否されれば争える

もし、官庁に請求した情報が不開示だったり、開示はされても肝心の部分が黒塗りだったりした時は不服を申し立てることができる。正確には審査請求と呼ばれる手続きで、情報公開を請求した官庁に文書で提出しなければならない。

審査請求を受けた官庁は、総務省が所管する第三者機関「情報公開・個人情報保護審査会」に対して、この不服申し立てをどう扱うかについて諮問する。審査会は弁護士や研究者など学識経験者で構成されており、審査の結果、官庁の判断が間違っていると判断すれば、当該官庁に開示するよう答申する。逆に官庁の判断を追認することもある。審査の過程で、請求者は審査会に対して、審査請求書を補強する意見書を提出することもできる。

審査請求から答申が出るまで、短くても数カ月はかかる。あくまでも「答申」なので、法的拘束力はない。ただ、ほとんどの場合、官庁は答申に従う。

自治体にも同じ仕組みがあるし、法で定められていない国会や裁判所の情報公開制度であっても、審査のための第三者機関が同じように置かれている。

審査会が不服を認めなかった場合、裁判という道が残されている。審査会の審査を経ず、いきなり裁判を起こすことも法的には可能だが、多くの場合、審査会の結論を見てから提訴される。情報公開法に「情報公開訴訟」と規定されているこの裁判は、官庁に対して情報の不開示決定を取り消すよう求める形で争われる。行政を対象にした他の裁判と同じく、行政事件訴訟法に基づいて行われる。

たとえば、大阪弁護士会の結城圭一弁護士は、政府の「カウンターインテリジェンス機能の強化に関する基本方針」という文書の黒塗りされた部分の開示（不開示決定の取り消し）を求めて2013年に提訴している。カウンターインテリジェンスとは防諜、つまりスパイ防止のことだ。特定秘密保護法が制定される前、法に基づかない「特別管理秘密」という制度があり、この秘密を扱う公務員の身辺調査の方針などを定めたのがこの文書だった。

1審の大阪地裁は2015年7月、黒塗りにされた12カ所のうち3カ所の開示を認めたが、2審の大阪高裁は国の判断を追認し、12カ所すべての不開示を妥当と判断。結局、2017年2月に最高裁が結城弁護士の上告を棄却、高裁判決が確定した。

実は、情報公開訴訟には制度的な問題がある。

今の情報公開法の下では、裁判官が黒塗りのない本物の文書を見ることができないのである。裁判官が政府から元の文書を取り寄せて吟味する方式を「インカメラ審理」といい、ほとんどの先進国で行われている。ところが日本の場合、原告が法廷に提出した黒塗りの文書を裁判官が見てその公開・非公開の妥当性を判断しなければならないという、なんともおかしなことになっているのだ。

前述の結城弁護士は1審判決の時、私の取材に答えて、「インカメラができないから、裁判官は前例踏襲に傾くのでしょう。出せる情報と出せない情報を、裁判所が合理的に区別できる制度が必要です」と語った。

もともとインカメラ審理は、裁判官だけが秘密の文書を見るのは憲法の定める裁判公開の原則に反するという理屈から認められなかった経緯がある。しかし、2009年に最高裁が、法律によって規定すれば可能であるとの判断を示したことから、憲法ではなく立法の問題になった。そして実際、民主党政権は2011年に情報公開訴訟へのインカメラ審理の導入を盛り込んだ情報公開法改正案を国会に提出したものの、廃案になったまま現在に至っている。

なお、情報公開・個人情報保護審査会ではインカメラ審理が認められている。

筆者は、審査請求（不服申し立て）は何度もしたことがあるが、情報公開訴訟は起こしたことがない。理由は二つ。仕事でした情報公開請求なので、提訴には会社としての決定が必要になること。そして弁護士費用など、お金がかかることだ。そのために二の足を踏んでいる。

それに対して欧米のメディアでは、政府や自治体を相手取って情報公開訴訟を起こすケースが少なくない。たとえば英国のリベラル系高級紙「ガーディアン」は、チャールズ皇太子と閣僚が交わした手紙について05年に情報公開請求し、徹底して拒否する政府との間で10年に及ぶ法廷闘争をおこない、開示を勝ち取った。

なぜ、提訴に踏み切ったのか。英国滞在中、この報道の担当記者だったロブ・エバンス（Rob Evans）記者に電話でインタビューした時、どうしても聞いてみたかった。答えはシンプルだった。「大事なことだと思ったから」。チャールズ皇太子はかねて、さまざまな意見を首相や閣僚に伝えているという噂があった。王室が政治に介入し、政策決定に影響を及ぼすようなことがあれば、民主主義はゆがめられてしまう。

記者個人の判断で裁判を起こせたのか、費用はどうしたのか。エバンス記者に尋ねると、「それはアランの決断だった。彼はお金も握っていたからね。局長というのは本当に大事だよ」と笑った。当時の編集局長、アラン・ラスブリッジャー（Alan Rusbridger）氏は欧米メディアの間で名物編集者として知られた人物だ。最近では2013年にエドワード・スノーデン（Edward Snowden）元ＣＩＡ（米中央情報局）職員の内部告発に基づく米英の情報機関による大規模な情報収集を暴く報道を指揮している。

開示されたチャールズ皇太子の手紙は結局、大した内容ではなかった。だが、ガーディアンの報道によると、政府は訴訟に40万ポンド（約6000万円）もの費用を投入したという。もし、負けていればガーディアンがこれを負担しなければならなかったはずだ。

情報公開制度を活用した報道を手がけてきた英ＢＢＣのベテランプロデューサー、マーティン・ローゼンバウム（Martin Rosenbaum）氏は、1審の情報審判所に4回提訴したことがあるという。情報審判所は手続きが簡単なので、ＢＢＣの組織内弁護士のアドバイスを受けながら1人で出廷した。しかし、2審以上は弁護士費用などでコストがかさみ、組織としての決定も必要になるので控訴はあきらめたという。

市民にとって裁判はさらにハードルが高くなる。日本でもメディアが情報公開訴訟を起こすという選択があってもいいのではないだろうか。

情報公開請求の手続きはこう進む

情報公開請求をする時は、知りたい情報を持っている官庁に請求書を出す。国の機関では「行政文書開示請求書」と呼ばれているが、自治体では「公文書開示請求書」「行政文書公開請求書」あるいは単に「開示請求書」など、呼び方はさまざまだ。

国の場合、開示請求書は各省庁のウェブサイトからダウンロードできるようになっている。これに必要事項を書き込んで省庁の情報公開窓口に直接持って行くか、郵便で送るのが標準的なやり方だ。オンラインでの請求もできることはできるのだが、手数料200円を収入印紙で納めなければならず、そのために窓口へ行ったり郵送したりしなければならない。オンライン請求の手数料は、紙の請求書による請求より100円安いのだが、印紙を持って窓口まで行く交通費や郵送料を考えると手間も費用もたいして変わらない。このちぐはぐさは何とかならないかと思う。

大規模な自治体の場合、オンライン請求が主流だ。請求のフォーマットがウェブサイトにあり、必要事項を記入して送信する。手数料は後日、送られてくる振込用紙を使って銀行から振り込む。鳥取県はさらにオンライン化が徹底していて、開示資料もメールで送られてくる。

請求書には住所、氏名、電話番号、ほしい情報あるいは文書の内容を書くのだが、住所は職場や学校でも構わない。ようは通知書類を受け取れる住所であればどこでもよい。電話番号は携帯電話番号をお勧めしたい。請求内容についての問い合わせがよくあるからだ。

もっとも重要なのは、請求する文書名の欄だ。国の開示請求書には「請求する行政文書が特定できるよう、行政文書の名称、請求する文書の内容等をできるだけ具体的に記載してください。」と書かれている。とはいえ、文書の名前が分かるケースはそうあるわけではないので、文書名を書く必要はない。この本で何度か紹介しているように、「○○○についての文書」「○○○がわかるもの」など、自分がほしい情報を具体的に書き込めばいい。

役所の側で不明な点があれば、電話で問い合わせてくるので、その時に説明することもできる。請求する前に役所の担当者と相談するという手もあるが、私は、とりあえず請求して、問い合わせがあれば答えるというやり方をとることが多い。まずは請求書を受け取ってもらって、そこから話を始めたいからだ。

請求書が受理されると、国の場合は30日、自治体の多くは14日以内に開示・不開示の決定が下される。しかし、文書の量が多い場合や業務が忙しい時などは延長してもいいと情報公開法や条例に定められており、しばしば延長される。延長される時は、その旨の通知が送られてくる。

開示が決まれば、開示決定通知と、どのような方法で開示してほしいかを尋ねる書類が送られてくるので、それに必要事項を書き入れて送り返す。大別して①閲覧のみ、②紙のコピー、③コピーをPDF化してCDやDVDに収めたもの——がある。コピーをもらう場合は、窓口まで取りに行くか、郵送してもらう。郵送の場合は、送料分の切手を同封する必要がある。

不開示、あるいは開示されたものの、肝心なところが黒塗りになっていたりした場合は、不服申し立てをすることができる。

正確にいうと、政府、自治体とも、行政不服審査法に基づく審査請求という手続きだ。このため「審査請求書」という書類を当該官庁に提出するのだが、多くの省庁、自治体の情報公開に関するウェブサイトには、審査請求については数行、さらっと触れられているだけで、請求書のフォーマットはない。

たとえば総務省のサイトの「行政不服審査法の概要」というページに、審査請求書等の記載事項の説明があるので、記入項目はこれを参考にして、自分で作るしかない。

総務省が「情報公開・個人情報保護関係答申・判決データベース」というウェブサイト

審査請求申立書

平成 25 年 7 月 1 日

内閣情報官　北村滋　様

審査請求者

日下部聡　　　　　43 歳

〒530-8251
大阪市北区梅田 3-4-5　毎日新聞大阪本社編集局社会部
電話 06-●●●●-●●●●
FAX　06-●●●●-●●●●
携帯電話 080-●●●●-●●●●

原処分

一部不開示

原処分を知った日

平成 25 年 6 月 10 日

処分庁の教示の有無及びその内容

「この決定に不服がある場合は、行政不服審査法（昭和 37 年法律第 160 号）第 5 条の規定により、この決定があったことを知った日の翌日から起算して 60 日以内に、内閣総理大臣に対して審査請求をすることができます（なお、決定があったことを知った日の翌日から起算して 60 日以内であっても、決定があった日の翌日から起算して 1 年を経過した場合には異議申立てをすることができなくなります）」と教示を受けた。

審査請求の趣旨

平成 25 年 6 月 6 日付行政文書開示決定通知書（閣情第 171 号）によって開示決定が通知された行政文書のうち、行政機関の保有する情報の公開に関する法律第 5 条第 5 号及び第 6 号に該当するとして不開示とした部分の開示を求める。

審査請求書の例。これは1枚目で2～3枚目に審査請求の理由が書かれている

を運用しており、国の審査機関である情報公開・個人情報保護審査会（総務省所管）が出した答申を読むことができるのだが、そこに審査請求人が最初にどのような訴えをしていたかが記されているので、それらを参考にすることもできる。

国の場合、審査請求書を当該官庁に提出してしばらくすると、追加の意見表明や説明をしたければ提出するよう促す書類が審査会から送られてくるので、補足説明やこちらの主張を補強する証拠書類などを送ることもできる。答申が出るまでに数カ月以上かかるのが普通だが、時間がかかることさえ覚悟すれば、審査請求は決して無駄ではない。お金もかからない。

私が行った不服申し立てのうち、うまくいったケースの一つは、2008年4月に衆議院の事務局に情報公開制度が新設された直後、衆院所蔵の絵画がどのくらいあるのか請求してみたケースだ。最初は購入金額、購入先、購入年月から掲示場所まで黒塗りにされたので「苦情の申し出」をしたところ、第三者機関の「苦情審査会」が、こちらの主張を取り入れた答申を出してくれたため、ほとんどの黒塗りが外れた。

もう一つは、「この国と原発」という連載記事の取材の一環で、筑波大学の理工系の研究室が、原子力関連企業・団体からどれくらいの資金を提供してもらって研究しているか

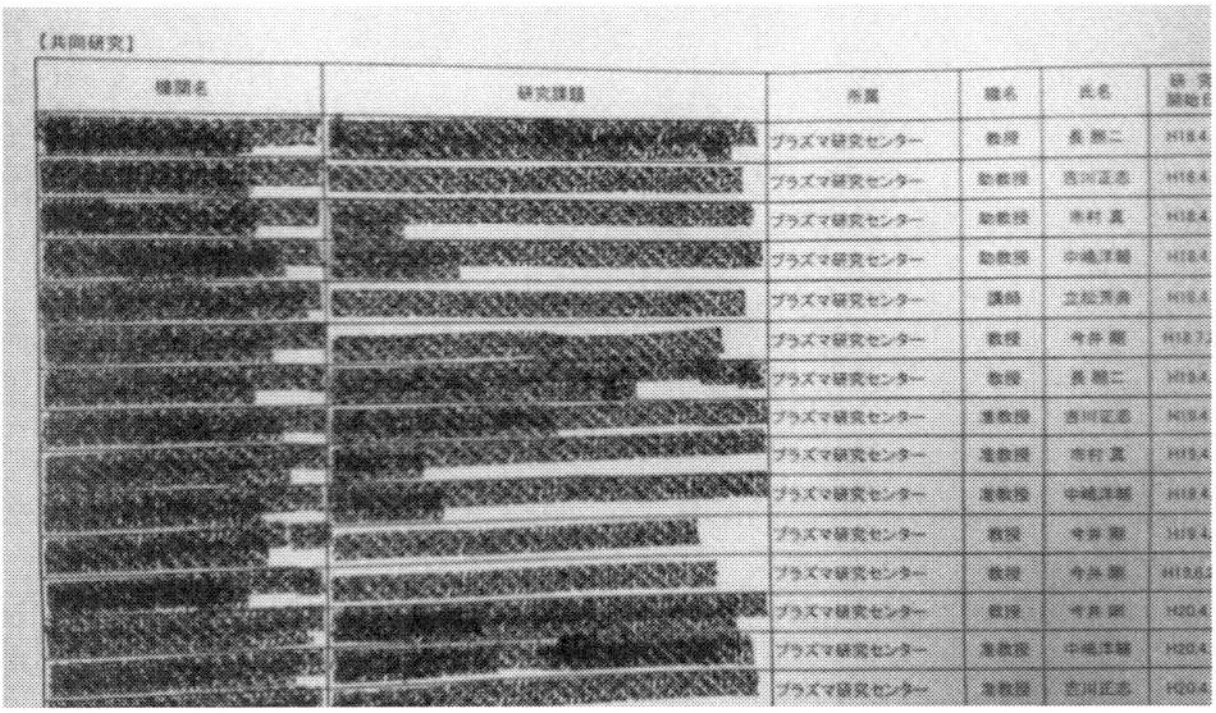

【共同研究】

機関名	研究課題	所属	職名	氏名	研究開始
[redacted]	[redacted]	プラズマ研究センター	教授	長 照二	H18.4
[redacted]	[redacted]	プラズマ研究センター	助教授	吉川正志	H18.4
[redacted]	[redacted]	プラズマ研究センター	助教授	市村 真	H18.4
[redacted]	[redacted]	プラズマ研究センター	助教授	中嶋洋輔	H18.4
[redacted]	[redacted]	プラズマ研究センター	講師	立松芳典	H18.4
[redacted]	[redacted]	プラズマ研究センター	教授	今井 剛	H18.7
[redacted]	[redacted]	プラズマ研究センター	教授	長 照二	H19.4
[redacted]	[redacted]	プラズマ研究センター	准教授	吉川正志	H19.4
[redacted]	[redacted]	プラズマ研究センター	准教授	市村 真	H19.4
[redacted]	[redacted]	プラズマ研究センター	准教授	中嶋洋輔	H19.4
[redacted]	[redacted]	プラズマ研究センター	教授	今井 剛	H19.4
[redacted]	[redacted]	プラズマ研究センター	教授	今井 剛	H19.6
[redacted]	[redacted]	プラズマ研究センター	教授	今井 剛	H20.4
[redacted]	[redacted]	プラズマ研究センター	准教授	中嶋洋輔	H20.4
[redacted]	[redacted]	プラズマ研究センター	准教授	吉川正志	H20.4

肝心の部分がすべて黒塗りだった筑波大学の原子力関係施設の共同研究リスト

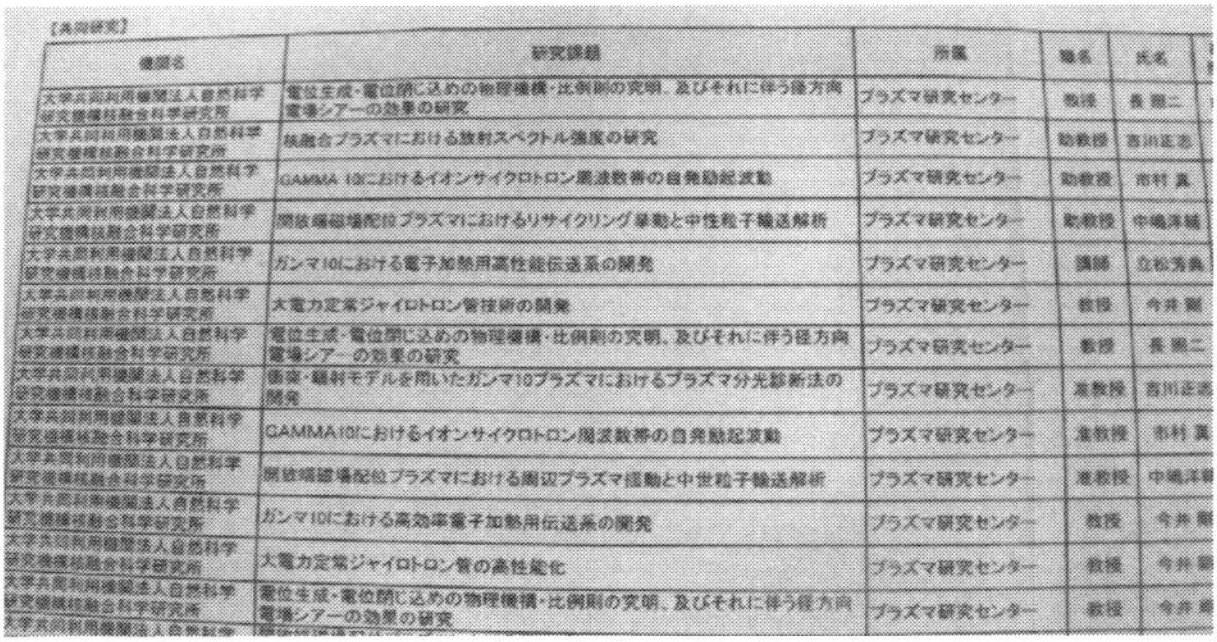

【共同研究】

機関名	研究課題	所属	職名	氏名
大学共同利用機関法人自然科学研究機構核融合科学研究所	電位生成・電位閉じ込めの物理機構・比例則の究明、及びそれに伴う径方向電場シアーの効果の研究	プラズマ研究センター	教授	長 照二
大学共同利用機関法人自然科学研究機構核融合科学研究所	核融合プラズマにおける放射スペクトル強度の研究	プラズマ研究センター	助教授	吉川正志
大学共同利用機関法人自然科学研究機構核融合科学研究所	GAMMA 10におけるイオンサイクロトロン周波数帯の自発励起波動	プラズマ研究センター	助教授	市村 真
大学共同利用機関法人自然科学研究機構核融合科学研究所	開放端磁場配位プラズマにおけるリサイクリング挙動と中性粒子輸送解析	プラズマ研究センター	助教授	中嶋洋輔
大学共同利用機関法人自然科学研究機構核融合科学研究所	ガンマ10における電子加熱用高性能伝送系の開発	プラズマ研究センター	講師	立松芳典
大学共同利用機関法人自然科学研究機構核融合科学研究所	大電力定常ジャイロトロン管技術の開発	プラズマ研究センター	教授	今井 剛
大学共同利用機関法人自然科学研究機構核融合科学研究所	電位生成・電位閉じ込めの物理機構・比例則の究明、及びそれに伴う径方向電場シアーの効果の研究	プラズマ研究センター	教授	長 照二
大学共同利用機関法人自然科学研究機構核融合科学研究所	衝突・輻射モデルを用いたガンマ10プラズマにおけるプラズマ分光診断法の開発	プラズマ研究センター	准教授	吉川正志
大学共同利用機関法人自然科学研究機構核融合科学研究所	GAMMA10におけるイオンサイクロトロン周波数帯の自発励起波動	プラズマ研究センター	准教授	市村 真
大学共同利用機関法人自然科学研究機構核融合科学研究所	開放端磁場配位プラズマにおける周辺プラズマ挙動と中性粒子輸送解析	プラズマ研究センター	准教授	中嶋洋輔
大学共同利用機関法人自然科学研究機構核融合科学研究所	ガンマ10における高効率電子加熱用伝送系の開発	プラズマ研究センター	教授	今井 剛
大学共同利用機関法人自然科学研究機構核融合科学研究所	大電力定常ジャイロトロン管の高性能化	プラズマ研究センター	教授	今井 剛
大学共同利用機関法人自然科学研究機構核融合科学研究所	電位生成・電位閉じ込めの物理機構・比例則の究明、及びそれに伴う径方向電場シアーの効果の研究	プラズマ研究センター	教授	今井 剛

不服申し立ての結果、黒塗りが外れた

を調べるために行った請求だ。他大学に比べて公開度が圧倒的に低く、共同研究や寄付金をもらった相手方の企業・団体名がまっ黒塗りだったので、審査請求をしたところ、国の情報公開・個人情報保護審査会はすべて公開すべしとの答申を出してくれた。審査会が調べたところ、黒塗りにされていた相手方は他の大学や国の機関で、相手方のウェブサイトには、筑波大との共同研究の内容が公開されていたという。

総務省によれば2015年度審査会が不服を認めたケースは、全体の25％を占める。4件に1件は異議が認められていると考えれば、決して少ない数ではない。審査会の答申は前例として蓄積されていくので、不服申し立ては積極的にしたほうがいいと考えている。

資料編

調査に使える公開情報

情報公開制度を使わなくても、あらかじめ公開されている情報は意外に多い。

田中角栄首相を辞職に追い込んだことで有名な調査報道がある。1974年の「文藝春秋」11月号に掲載された立花隆氏の「田中角栄研究――その金脈と人脈」だ。立花氏が執筆したが、取材はチームで行われた。その舞台裏を立花氏が明かした『田中角栄研究――全記録』(講談社、1976年)によると、その手法は公開情報を徹底的に利用したものだった。

最初にしたのは、雑誌の図書館「大宅壮一文庫」(東京都世田谷区)に行って、田中首相について書かれた記事をかき集めることだった。そこで出てきた土地や会社、人物の名前をヒントに登記簿謄本を取り、官報、市販の会社年鑑、過去の新聞記事なども組み合わせて新たな土地や会社を割り出し、その関係者に話を聞き、さらに登記簿謄本を取り――という繰り返しだったという。

登記簿謄本とは、不動産(土地や建物)、あるいは法人(会社や組合など)についての基礎情報が記された「登記簿」の写しのことだ。登記簿は、全国各地に置かれた法務省の出先機関「法務局」に備え付けられた公開の帳簿で、不動産を取り引きしたり、会社を設立したりした場合には登記することが法で義務づけられている。不動産の場合はその所有者の住所や売買の履歴、法人の場合は役員の住所・氏名や業務内容などが分かるようになっている。詳細は後述するが、調査には欠かせない貴重かつ基礎的な資料だ。

立花氏は、35文字の一文を書くために費やした苦労について、こう記している。

「一人の記者が千葉県を数日間走りまわり、役所、税務事務所、登記所をめぐり歩き、売買された土地を見つけ出し、その土地謄本を全部取り（重ねると厚さ六センチはある）、次にその土地ころがしに参加した他の企業の謄本を取り、役員を調べ、といったことまでしている。（中略）だから、あの記事が出たあと、田中氏の側から意識的に流されたと思われる、あれは反主流派が資料を提供したのだといったたぐいのデマを聞くたびに、そんなデタラメをいう人間を絞め殺してやりたいほどの怒りを覚える」（前掲書、上巻一三五頁）

つまり、内部の情報提供者はいなかったということだ。公開情報から丹念に糸をたぐるように取材を進めることで、歴史に残る報道が実現したのである。

こうした公開情報は当然、今もある。しかも、今はオンライン化によって検索が容易になり、遠隔地から資料をダウンロードすることもできる。情報へのアクセスは格段によくなっている。調査に役に立つ主な情報源を紹介したい。

①議会議事録

「退屈なやり取りをしているだけだろう」と、見くびってはいけない。さまざまなトピックスについて、何が焦点なのかを整理するために、とても有効な資料だ。経緯、争点、主な登場人物、より詳しい情報のありかなどのヒントがちりばめられている。何かの話題を特ダネだと思って取材していたら、既に国会や県議会で取り上げられていた、ということもよくある。

議事録が最も整備されているのは国会だろう。国立国会図書館が開設している「国会会議録検索システム」によって、ネット上で誰にでも検索できる。第1回国会（1947年5月）以降の本会議、委員会双方の全議事録をキーワード、議員名、会議名、日付などさまざまな角度で検索できる。必要な部分だけ抜き出してテキストでダウンロードできるほか、PDFで原本を読むことも可能な優れたシステムになっている。

国会では、議員と政府の間だけでなく、多くの専門家が委員会に参考人として呼ばれ、議員の質問に応じている。何が争点なのかがよく分かるほか、どの分野にどんな専門家がいるのかを知ることができる。

明治時代以降の帝国議会のすべての議事録も、やはり国立国会図書館が開設している「帝

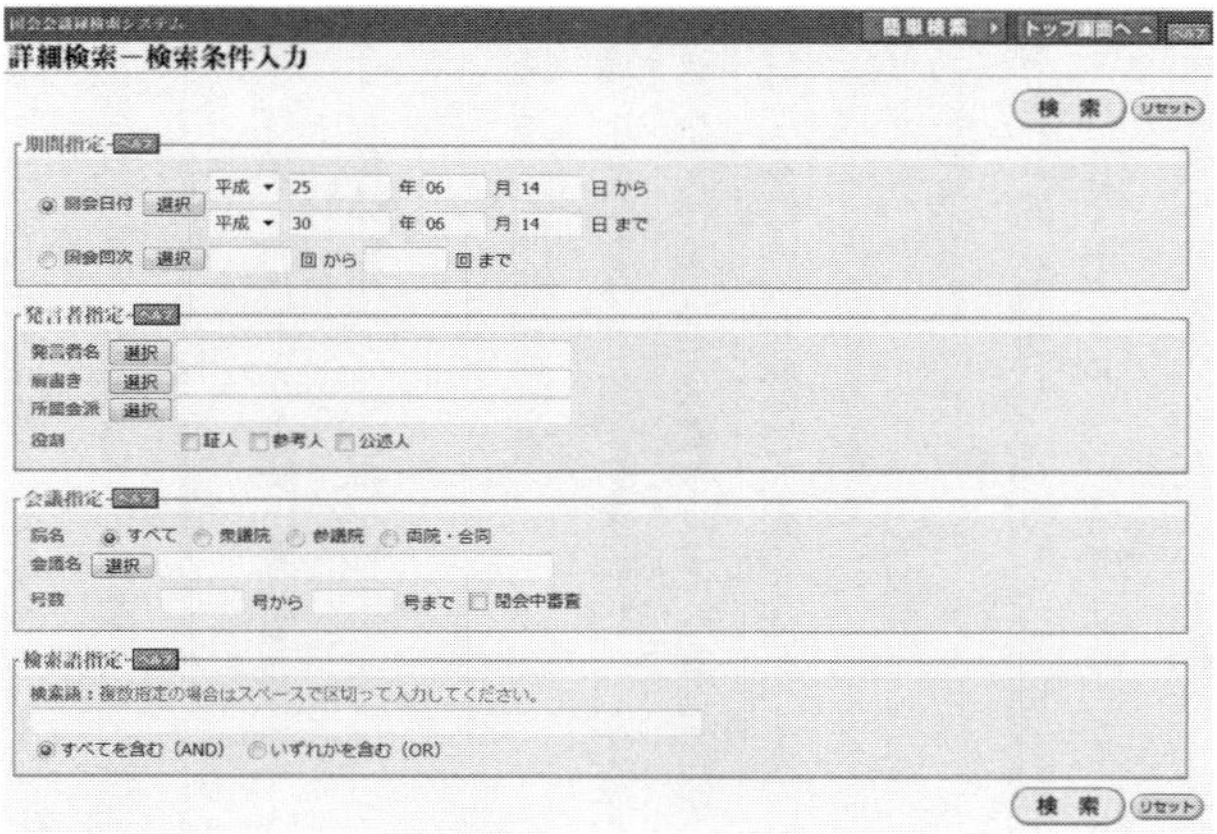

国会会議録検索システムの検索画面

国会会議録検索システム」で検索・閲覧することができる。

たとえば、戦前・戦中の秘密保護法の一つである改正軍機保護法について1937（昭和12）年8月、帝国議会の衆院委員会で議員から質問が相次いだ。「学生や一般社会民衆の間にカメラが流行致している。水泳等に行った場合、（引用者注：軍事施設を）背景としてうっかり撮影をしたら……」「国民が軍事上のことを一切口に出来ぬと云うような惧れを懐く」――。これに対して陸軍省は「軍の秘密は極めて高度のものであり、そう（多く）あり得ない」などと答弁して押し切った。しかし、政府答弁の通りにはならなかったことは歴史が証明している。

今も同じような問答は多い。歴史的な視点

を持つと、現在進行形のことも、より立体的に見ることができる。そのための一次資料に手軽に触れることができるのである。

自治体議会でも、都道府県や市であれば、そのほとんどで議事録の検索システムが導入されており、同じような使い方ができる。特定の地域の問題を調べようと思っている人には、まず自治体議会の議事録を検索してみることをお勧めしたい。

②政治資金関連の報告書

政治資金収支報告書を筆頭に、政治家や政党の資金の出入りが記録された報告書は何種類かあり、いずれも公表されている。「政治活動が国民の不断の監視と批判の下に行われるようにするため」(政治資金規正法第1条)という理念が根底にある。

政治資金収支報告書

「正直に書かれているのか」と疑問を持つ人もいるだろう。しかし、政治資金のやり取りはすべて報告書に記すことが政治資金規正法で義務づけられているため、ここに書かれたこと以外の資金の授受があれば、それは「裏金」ということになる。報告書への虚偽記載の罰則は「五年以下の禁錮又は百万円以下の罰金」であり、実際に捜査対象となるケースも多い。

また、支出に対応する領収書の提出も義務づけられており、そのコピーは情報公開請求で入手することができる。透明性の観点から、まだまだ課題はあるのだが、デタラメの記載はできない一定の抑止力は働いている。

政党、政治家の後援会など、政治活動に関係する資金をやり取りする団体は、総務省か都道府県選挙管理委員会に政治団体として届け出なければならない。政治団体は資金の出入りを1年ごとに報告書に記入し、届け出先に応じて総務省か都道府県選管に提出する。これが毎年秋に一斉に公開される。

総務省分であれば、同省のウェブサイトで原本を閲覧・ダウンロードできる。印刷もできるが、大量にコピーがほしい場合は、総務省収支公開室に交付請求しなければならない。この手続きは情報公開請求ではなく、政治資金規正法に基づくものだ。

報告書は3年で廃棄されてしまう。4年以上前の報告書を見たい場合は、官報のバックナンバーが有効だ。報告書の公開と同時に概要（簡易版）が官報にも掲載されることになっており、官報は永久保存となっているためだ。官報では支出先の詳細や寄付者の住所などは省かれているが、資金の流れは把握できる。

やっかいなのは、届け出先が総務省と都道府県選挙管理委員会に分かれているところだ。都道府県・市町村議会議員のほとんどは都道府県選管に届けるが、国会議員の場合は複数の

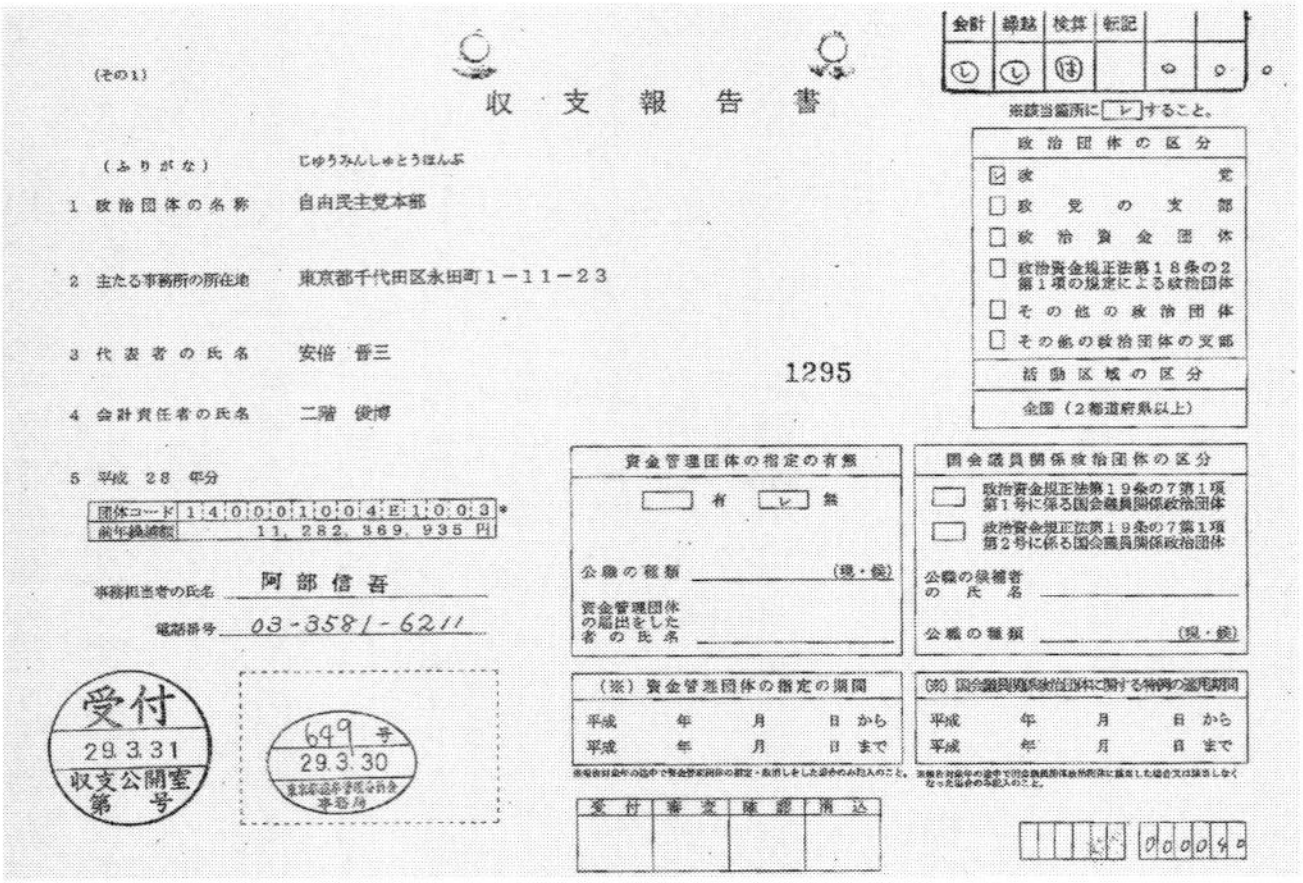
(その1)

収支報告書

会計	締結	検算	転記		
㋹	㋹	㊙		○	○

※該当箇所に☑すること。

政治団体の区分
☑ 政党
□ 政党の支部
□ 政治資金団体
□ 政治資金規正法第18条の2第1項の規定による政治団体
□ その他の政治団体
□ その他の政治団体の支部
活動区域の区分
全国（2都道府県以上）

(ふりがな)　じゆうみんしゅとうほんぶ
1 政治団体の名称　自由民主党本部
2 主たる事務所の所在地　東京都千代田区永田町1－11－23
3 代表者の氏名　安倍　晋三
4 会計責任者の氏名　二階　俊博
5 平成 28 年分

1295

団体コード	1400010004E1003
前年繰越額	11,282,369,935 円

事務担当者の氏名　阿部信吾
電話番号　03-3581-6211

資金管理団体の指定の有無
□ 有　☑ 無
公職の種類　（現・候）
資金管理団体の届出をした者の氏名

国会議員関係政治団体の区分
□ 政治資金規正法第19条の7第1項第1号に係る国会議員関係政治団体
□ 政治資金規正法第19条の7第1項第2号に係る国会議員関係政治団体
公職の候補者の氏名
公職の種類　（現・候）

(※) 資金管理団体の指定の期間
平成　年　月　日から
平成　年　月　日まで

(※) 国会議員関係政治団体に関する特例の適用期間
平成　年　月　日から
平成　年　月　日まで

受付 29.3.31 収支公開室 第　号

649号 29.3.30

受付	審査	確認	済込

自民党本部の政治資金収支報告書

団体を総務省と都道府県選管に分けて届け出ていることが多く、全容を把握するためには双方の報告書を入手しなければならない。

都道府県の場合、東京都などウェブで公開しているケースもあるが、そうでない場合は県庁に出かけて閲覧するか、交付請求するしかない。総務省分が官報に載るのと同じように、都道府県公報にも概要が掲載される。

国会議員の場合は①資金管理団体、②後援会、③自身が代表を務める政党支部――の三つを関連政治団体として持っているケースが多い。自治体議員は①のみ、または①と②というパターンが多いようだ。国会議員については「国会議員関係政治団体一覧」を総務省がウェブ上で公開している。しかし、中には秘書や後援者が代表者になって、一見しただけではその政治家の関連団体とは分からない政治団体が存在しているケースもある。これらは、実質的には関係政治団体でありながら、総務省の一覧に入っていないことがほとんどだ。世襲など、長年政治に携わっている政治家に多いようだ。

政治資金収支報告書が貴重なのは、寄付者や支出先の欄に具体的な人名や企業・団体名が記されていることだ。資金の出入りだけでなく、その政治家の人脈も分かり、調査を広げる手がかりになる。前述した、一見関連のなさそうな政治団体についても、政治家の資金管理団体との間で資金のやり取りがあることなどから、その関係性が見えてくる。資金の流れに着目する場合は、1年だけではなく、過去をさかのぼって比較すると、急な資金の増減など、不自然な点に気づくこともある。

政党交付金使途等報告書

税金から政党に交付される「政党交付金」をどう使ったかの報告書。政治資金収支報告書と同様、報告書が毎年秋に公表される。書式も政治資金収支報告書とほぼ同じだ。ただし、こちらは総務省のみが担当する。政党本部だけでなく支部も提出しなければならない。支部の多くは「○○党東京都第○選挙区支部」のように選挙区ごとに設けられており、事実上、政治家個人の政治団体と表裏一体だ。

政党交付金は純粋な税金であるため、その使い道には、支持者からの寄付などで成り立つ通常の政治資金よりも厳しい透明性が求められる。少しでも私的使用が疑われるケースがあればニュースになる。また、政治資金収支報告書と同様、取引業者なども見えてくる。

政治資金収支報告書より長い5年間、原本は保存され、政治資金収支報告書と同様、簡易版が官報にも載る。コピーがほしい場合は、総務省に情報公開請求する。

選挙運動費用収支報告書

選挙に立候補した人は国政、地方を問わず、選挙運動にかかった費用の収支の報告書を、投票から15日以内に領収書を添えて都道府県選管に提出しなければならない。書式は政治資金収支報告書に似ているが、根拠法は公職選挙法だ。保存期間は3年で、選管で閲覧できる。コピーの入手には情報公開請求が必要になる。

受け取ったはずの選挙資金が記載されていない、ポスター張りなどに報酬を払ったと記しながら、報告書に名前の載っている人物が実際には受け取っていないなど、虚偽記載が過去にもたびたび問題化し、刑事事件になったこともある。また、1年以上、提出自体がないというケースもあった。

これもやはり、政治家の人脈や資金の流れを解明するのに有効な資料の一つである。

資産や所得の公開

国会議員、自治体議員、知事・市町村長は、保有資産や所得などが公開されている。国会議員は国会議員資産公開法、自治体議員・首長は条例に基づいている。いずれも公開内容はほぼ共通している。国会議員の場合は次の通りだ（7年保存）。

資産等報告書…土地、建物、預貯金、株、ゴルフ会員権、車、貸付金、借金など。土地や建物は番地までの住所、株やゴルフ会員権は銘柄も具体的に記されている。

所得等報告書…所得総額、贈与総額

関連会社等報告書…企業や公益法人の役員や顧問などに就任していて報酬を得ている場合、その会社や法人の名前と就任している役職名

ただし、これらの報告書は公開の度合いにばらつきがある。国会議員の場合は東京・永田町にある衆参両院の事務局に閲覧室が設けられているが、コピーはできず、ネット公開もしていない。一方、自治体では報告書そのものをネットにアップしているケースもあれば、概

要だけをアップして原本の入手には情報公開請求が必要な場合もある。

③行政事業レビューシート

各省庁の事業ごとの予算額と、それが最終的にどこに支払われるかまでが、チャート図で一覧できる。事業を請け負っている企業や団体の名前も一目瞭然で、国家予算の使われ方を調べるには極めて有効な資料だ。

たとえば、経済産業省の2017年度のレビューシートに「原子力に関する国民理解促進のための広聴・広報事業費」という事業がある。シートに記された事業概要にはこう書いてある。

「福島第一原発事故を踏まえ、原子力を含む我が国のエネルギー政策、放射線等の理解促進や風評被害の防止等、核燃料サイクル施設の立地地域における理解促進、高レベル放射性廃棄物等の処分事業の必要性や福島第一原発の廃炉・汚染水対策の進捗状況等について広く国民に周知を図るため、原子力発電施設及び核燃料サイクル施設の立地又は立地予定地域住民に対する広聴・広報活動の実施、国民各層に対する理解しやすくきめ細かな全国レベルでの情報提供を実施する」

会計区分の欄を見ると、一般会計ではなく「エネルギー対策特別会計」から支出されたこ

費目・使途（「資金の流れ」においてブロックごとに最大の金額が支出されている者について記載する。費目と使途の双方で実情が分かるように記載）

A.一般財団法人　日本原子力文化財団

費目	使途	金額（百万円）
人件費	委託先人件費	6
事業費	旅費、謝金、印刷製本費等	13
一般管理費	一般管理費	2
計		21

B.一般財団法人　大阪科学技術センター

費目	使途	金額（百万円）
人件費	委託先人件費	4
事業費	旅費、謝金、印刷製本費等	1
一般管理費	一般管理費	1
計		6

C.一般財団法人日本原子力文化財団

費目	使途	金額（百万円）
人件費	委託先人件費	16
事業費	旅費、謝金、印刷製本費等	40
その他	一般管理費	6
計		62

D.一般財団法人電源地域振興センター

費目	使途	金額（百万円）
人件費	委託先人件費	27
事業費	旅費、謝金、外注費等	27
その他	一般管理費及び地方消費税	5
計		59

E.株式会社北海道電通

費目	使途	金額（百万円）
人件費	委託先人件費	22
事業費	旅費、謝金、外注費等	7
その他	一般管理費及び地方消費税	2
計		31

F.株式会社　電通

費目	使途	金額（百万円）
人件費	委託先人件費	5
事業費	旅費、謝金、外注費等	20
その他	一般管理費及び地方消費税	3
計		28

経済産業省の行政事業レビューシートの一部

とが分かる。電気料金に上乗せさせる電源開発促進税などが財源の特別会計だ。チャート図からは、前年の16年度には4億6000万円の予算が付き、一般財団法人日本原子力文化財団▽電通▽博報堂▽日本旅行▽野村総合研究所―などに事業が委託されていることなどが分かる。

　こうした事業ごとの予算執行の詳細は、以前から秘密だったわけではないが、省庁に問い合わせなければならず、時間と手間のかかる作業だった。それが、このレビューシートで一目瞭然となった。これらをまとめれば全体的な傾向をつかむことができるし、逆に事業を絞り込み、情報公開請求でさらに詳細な資料を入手するという使い方もできる。

　省庁のトップページからは探しにくいので、

検索エンジンで「○○省　行政事業レビューシート」と検索したほうが早い。

行政事業レビューは、もともと民主党政権の事業仕分けから派生し、官庁に無駄遣いを自己点検させる仕組みとして始まり、自民党政権にも引き継がれた。

④官報・都道府県公報

官報は政府が発行する新聞のようなものだ。前述したように、政治資金関係の報告書の要約版が載るだけでなく、政治団体の設立や廃止、幹部公務員の異動、国家試験の合格者、叙勲や褒章の対象者、建設業などの許可取り消し、破産や相続の公告——など、調査や取材の手がかりとなる具体的な情報が雑多に詰め込まれている。国立国会図書館のほか、大きな図書館であれば、バックナンバーが所蔵されている。月2160円を払って「官報情報検索サービス」を申し込めば、ネット上でキーワード検索をすることもできる。

都道府県公報は都道府県の官報のような存在で、こちらもさまざまな情報が断片的に載っている。PDFファイルでネットにアップしている都道府県がほとんどだ。

⑤登記事項証明書

不動産登記事項証明書

かつては不動産登記簿謄本と呼ばれた。土地や建物について、その所有者や売買の履歴などの情報が網羅されている。原本は法務局のコンピュータに収納されており、その内容をプリントアウトしたものが登記事項証明書だ。

土地・建物の大きさ、所有者、取得の原因（売買や譲渡など）と日付、抵当権がついているかどうか（つまり、所有者がその不動産を担保に借金をしているかどうか）などが記されている。抵当権者も記されるので、不動産の所有者がどの金融機関から借金したかも分かる。現在だけでなく、過去の所有者などもたどることができる。

たとえば、近所に新しいビルが建った時、誰がそれを所有しているのかを知ることができるだけでなく、敷地は誰から買ったのか、あるいは相続を受けたのか、さらには30年前に誰が持っていたのか――などが分かる。マンションも、分譲であれば部屋ごとに登記されており、同じことができる。

そこには不動産の所有者、あるいは過去に所有していた人物の住所・氏名、法人所有の場合は、法人名と住所が記されている。その人物が別の所に住んでいるのであれば、その住所の不動産登記をさらに調べたり、後述する「商業登記」を調べたりして、芋づる式に関係者や関係する会社、団体を知ることができる。前述した立花隆氏の「田中角栄研究――その金脈と人脈」の取材は、そのように進められた。記者にとって、こうした登記情報の調査は取材の基本動作の一つとなっている。

不動産登記事項証明書を請求する時は通常、その土地・建物のある地域を管轄する法務局の窓口に出向き、備え付けの請求書を用いて請求するが、「地番」が分かっていれば全国どの法務局からでも取ることが可能だ。地番とは、土地・建物の所在地のことだが、住居表示（一般的な住所）とは違うため、法務局ではまず、専用の地図やオンライン端末を使って住所から地番を調べる必要がある。電話で地番を調べてもらうこともできる。

通常は「全部事項証明書」を取る。対象の不動産に抵当権がついている場合は「共同担保目録」も取ると、その不動産と一緒に担保に入っている別の不動産の所在地が分かるので、そこからさらに調査の範囲を広げられる可能性がある。

古い登記簿で電子化されていないものは「閉鎖登記簿」として扱われている。しかし、「閉鎖」とはいっても公開されている。電子化前までたどって調べたい時は閉鎖登記簿の閲覧、または謄本を請求すればよい。

商業・法人登記事項証明書

会社、財団法人、学校法人、NPO、組合、政党など、あらゆる法人は設立の際に法務局に登記しなければならない。この登記も誰もが閲覧可能で、不動産登記と同様、その内容をプリントアウトしたものが、商業・法人登記事項証明書だ。法人の設立年月日、目的、役員の住所・氏名などが記されている。

手続きは不動産登記事項証明書とほぼ同じだ。通常は「履歴事項全部証明書」を請求する。証明書には約3年前までの情報が載っており、その範囲なら辞めた役員も分かる。さらにその前をたどりたい時は、閉鎖事項証明書を請求する。

不動産、商業・法人ともに証明書の取得には手数料がかかる。窓口で請求した場合、1件600円で、収入印紙で納める。法務局には印紙売り場が併設されており、そこで買うのが一般的だ。なお、クレジットカードを利用したネット経由のオンライン申請・取得も可能で、こちらは手数料が500円で少し安い。

⑥EDINET

金融商品取引法に基づき、主に上場企業が開示を義務づけられた報告書類をまとめて検索・ダウンロードできる政府のサイト。上場企業に関する情報収集は、まずはここからと言ってもいい。次のような情報が無料で得られる。

有価証券報告書

半期ごとに公表される。最も情報量が多く、これを見れば企業の概要はほぼ把握できる。役員の氏名・経歴、関連会社や大株主、従業員の平均給与など個別具体的なことから、販売実績や財務諸表など、経営状況が分かるデータも多く含まれている。主な項目は次の通り。

▽経営指標の推移▽会社の沿革▽事業の内容▽関係会社▽従業員の状況▽生産・受注および販売の状況▽事業等のリスク▽財政状態▽主要な設備の状況▽株式等の状況▽株価の推移▽役員の状況▽財務諸表

大量保有報告書

個人や法人が、上場会社の株を5％以上保有した場合に金融庁に提出する書類。保有した個人の名前・肩書き、法人の名前や業務内容、株数、取得日時、取得資金の内訳などが記されている。

⑦NPO（特定非営利活動法人）情報

「内閣府NPO」というサイトで全国のNPOを検索することができる。ここでは住所、活動目的、代表者などの基礎情報が得られる。NPOは、都道府県から認証・監督を受けることになっており、毎年度、管轄の都道府県に事業報告書を提出しなければならない。この報告書類には、年間の活動状況のほか、収入と支出、貸借対照表、役員名簿などがあり、都道府県庁で閲覧することができる。東京都は「NPO法人情報提供システム」というサイトを開設しており、報告書類そのものをPDFファイルでダウンロードすることができる。ネットでは役員の住所・居所は黒塗りにされているが、都庁で閲覧する場合は公開されている。

何か気になるNPOがあった場合、まずはこの公表されている基礎資料に目を通すことで、きちんと活動している法人かどうか、ある程度見極めることができる。

こうした情報公開の仕組みは、NPOの理念に基づいている。自主的な法人運営を尊重し、行政の関与を抑制する代わりに、情報開示によって市民自身による選択や監視を促す制度設計になっているのである。

⑧社会福祉法人の情報

2016年に社会福祉法が改正され、社会福祉法人は事業内容に関する書類の国民への公表が義務づけられた。各法人は貸借対照表などの財務諸表、具体的な事業の状況を記した現況報告書などをウェブ上に公開している。政府のサイト「財務諸表等開示システム」からは、ほとんどの社会福祉法人の資料を検索・閲覧できる。

⑨公益法人の情報

一般社団・財団法人のうち、内閣府か都道府県から公益性が高いと認定された法人は、財務諸表や役員名簿、事業報告書などの公開が義務づけられている。各法人のウェブサイトにはたいてい「情報公開」というページがあり、そこで各種の書類を見ることができる。

⑩建設・建築業関連の情報

建設や建築関係の業者や、建築物に関して官庁に提出された書類の多くは閲覧できる。建設業者や宅地建物取引業者については、国土交通省のサイトにあるデータベース「建設業者・宅建業者等企業情報検索システム」が便利だ。会社名や所在地などで検索することができ、それで会社を特定したら、次のような書類を閲覧することで、さらにその会社の詳しい情報を得ることができる。

建設業許可申請書類

役員、営業所の一覧、従業員の数、これまでにどんな工事を請け負ってきたか、株主、貸借対照表などの記録が綴られたファイルを、都道府県などの担当課で閲覧することができる。

コピーや写真撮影はほとんどの役所で不可。取材の時は必要な部分を書き写している。

宅地建物取引業者名簿

建設業許可と同様、免許申請の際に提出された書類のファイルを、都道府県などの担当課で閲覧できる。建設業とほぼ同内容の情報が得られる。コピーできるところもある。

建築計画概要書

建物を建てる時、建築主が必ず提出しなければならない建築確認申請の書類。都道府県または市区の担当課で閲覧できる。その建物の建築主、設計業者、施工業者、建物の概要、建物の所在地などを知ることができる。

⑪公共事業や物品購入の情報

中央省庁や地方自治体が工事や委託事業、物品などを発注する際、多くの場合は入札が行われる。どのような入札を、いつ行うかを知らせるのが入札公告だ。入札の際には、どんな事業や物品を発注するのかを詳細に記した説明書や仕様書も公表される。入札公告をヒントに説明書や仕様書を入手すれば、さらにその事業の内容を詳しく知ることができる。説明書や仕様書はウェブでは公開されていないことが多いので、情報公開請求で入手する。

入札や契約の結果も公表されている。中央省庁の場合、ウェブサイトの中に「公共調達の適正化について」「公共調達の適正化に係る情報の公表」などのタイトルのページが必ずあり、発注した事業や物品の概要、契約した企業・団体名、契約額などが一覧表で見られるようになっている。分かりにくいところにあるが、トップページの「調達情報」というコーナーから入っていくと見つかる。

さらに、入札の予定価格がいくらで、どんな業者がいくらの札を入れたか、という入札の経過が分かる「入札調書」をウェブ上で公開している自治体も最近は少なくない。

⑫金融業関連の情報

金融庁のウェブサイトに「免許・許可・登録等を受けている業者一覧」というコーナーがあり、銀行、投資ファンド、消費者金融など金融関係の企業や組合を一覧表で見ることができる。このうち、財務省に登録されている業者については、財務省の出先機関である財務局（関東財務局、近畿財務局など）で登録簿が閲覧できる。コピーも可能だ。

登録簿には業務の内容、役員の住所氏名などが記されている。

貸金業者の場合は、金融庁が「登録貸金業者情報検索サービス」というデータベースを開設しており、登録簿を閲覧しなくても、所在地、代表者の氏名、営業用の電話番号の一覧など基礎的な情報を得ることができる。貸金業者には都道府県届け出の業者もあり、都道府県庁で財務局と同様の登録簿を閲覧することができる。

⑬図書館・公文書館

図書館は情報の宝庫だ。大きな図書館には新聞の縮刷版や雑誌のバックナンバーがある。特定の地域を調査する時は、その地域の図書館に行けば、市町村史や地元企業の社史、住宅地図など調査の手掛かりになるさまざまな資料がそろっている。さまざまな分野に特化した専門図書館もある。一方、図書ではなく、生の歴史的資料に触れられるのが、国や自治体の公文書館だ。ここでは、代表的な存在について触れておきたい。

国立国会図書館

国内で出版された書籍、雑誌、新聞など、あらゆる出版物を見ることができる。国立国会図書館法によって、国内で発行されたすべての出版物を国会図書館に納入するよう義務づけた「納本制度」があるからだ。2013年の同図書館の調査では、民間図書の納本率は98・9％だった。必要な資料はほとんど手に入る。

ただし、多くの資料は閉架（利用者の請求に応じて書庫から出納する方式）なので、閲覧したい資料を特定する必要がある。館外への持ち出しも禁止だ。持ち帰りたい部分は料金を払ってコピーを請求することになる。

国会議事堂の隣にある東京本館のほか、東京・上野の国際子ども図書館、京都府南部の関西文化学術研究都市（けいはんな学研都市）の関西館がある。関西館は大阪、京都からそれぞれ1時間以上かかるが、一般図書の所蔵は東京本館と遜色がないうえ、本館と違って雑誌のほとんどが開架で直接手に取って見られる。建物のデザインや調度品も凝っていて高級な雰囲気だ。いつも混んでいる東京本館と違ってコピーなどの手続きがすぐ済むのもありがたい。

初めて利用する時は登録してカードを作ってもらう必要がある。本や雑誌については、館内に並んでいる端末を使って探す。この検索システムは、タイトルだけでなく、筆者名やキーワードなど条件を細かく指定することができる。主要な雑誌は、記事ごとに見出しや筆者で検索することも可能で、これはかなり役に立つ。なお、検索だけなら、館内にいなくてもネット上でどこからでも可能だ。

ほしい資料を見つけたら、端末上で申し込みの手続きをする。しばらくすると「資料が到着しました」という表示が端末に出るので、カウンターに取りに行く。そして、現物を閲覧して必要なところをコピーするという流れだ。

マイクロフィルム化された昔の新聞なども、同様の手続きで閲覧できる。東京本館には「議会官庁資料室」「科学技術・経済情報室」「地図室」など、白書や統計類、住宅地図などを開架でまとめて見られる便利な部屋もある。

東京本館、関西館ともに館内に食堂や喫茶店がある。

なお、こうした紙の資料だけでなく、国や独立行政法人など公的なウェブページの保管も行われている。国会図書館の「インターネット資料収集保存事業」のサイトでは、もとのサイトからは既に消されたページを見ることができる。省庁の過去の幹部名簿を確認したりするのに便利だ。

大宅壮一文庫

日本初の雑誌専門図書館。ジャーナリスト・評論家の大宅壮一氏（1900－70）の雑誌コレクションを引き継ぎ、明治時代以降、国内で発行されたほとんどの雑誌を所蔵。記事ごとの詳細な検索が可能だ。何か企画記事を書く時、まず大宅文庫に出かけて情報収集する記者は少なくない。

東京都世田谷区の本館には検索用の端末が並んでいる。入館料を払ってから、まずは端末でほしい記事を抽出。閲覧申込書に記入して書庫から現物を出してもらい、必要な部分はコピーを請求する。

国立公文書館

政府機関が作った公文書のうち、歴史資料として重要なものを保存・公開している。東京都千代田区の本館と、茨城県つくば市の分館がある。国会図書館と同様、館内の端末で見たい資料を探し、端末上で請求すると、現物またはマイクロフィルムを出してくれる。

2011年に公文書管理法が施行され、特定秘密保護法(2014年施行)に基づく秘密指定期間が過ぎた文書の移管先としても近年、注目を集めているが、諸外国に比べて人員や施設の規模は圧倒的に遅れを取っており、その強化は急務となっている。

とはいえ、今の公文書館でも本物の公文書を直接手に取ることができる。そこには昔の官僚の鉛筆書きのメモが残っていたりして、興味は尽きない。

原発関連の取材の過程で、原発建設の財源となった電力債の発行枠拡大を決めた旧通商産業省の審議会議事録が公文書館に残っていることを知った。筑波研究学園都市の北の外れにある分館に出かけ、ほぼ1日かけて閲覧したところ、当時、誰がどのような役回りで政策決定をしたのかがはっきりし、記事の大きな支えになったことがある。

また、内閣法制局の記録を本館で調べていた時、1972年の沖縄返還に際し、米国施政下の法令と日本国憲法の整合性について議論した記録を見つけた。その中に、沖縄戦時の沖縄刑務所元職員の手記が綴じ込まれており、受刑者とともに戦場を転々とした苦難が記されていた。「当時の阿修羅の阿鼻叫喚を、幻影に映じたら今《ママ》だに身の毛もよだつ程戦慄を感ずるものである」――手書きの原稿用紙のコピーからは、有無を言わせぬ重みが伝わってきた。

公文書といっても、無機質な文書ばかりではないのである。

⑭訴訟記録

民事裁判の記録は誰でも閲覧することができる。裁判所の記録係で閲覧申請書を記入し、手数料150円を印紙で納めればよい。進行中の裁判でも、判決が出て終わった裁判でも可能だ。ただし、事件番号で請求するので、あらかじめ事件番号を知っておかなければならない。コピーはできない。

民事裁判の場合、法廷では書面のやり取りが多いため、傍聴しても何がどうなっているのか分からないことが多いが、訴訟記録を閲覧すれば、訴状など基本的な書類のほか、関係者の陳述書やさまざまな証拠書類を見ることができるので、詳細を知ることができる。

一方、刑事裁判の記録は、第三者が見るのは難しい。

刑事訴訟法53条には「何人も、被告事件の終結後、訴訟記録を閲覧することができる」と定められている。つまり、確定した刑事裁判の記録は、本来は誰でも見ることができるのだ。しかし、その後に「訴訟記録の保存又は裁判所若しくは検察庁の事務に支障のあるときは、この限りでない」との但し書きがあり、この例外規定が事実上、原則になってしまっている。しかも、この記録は裁判所ではなく、検察庁が保管することが刑事確定訴訟記録法という法律で決められている。

検察庁に記録の閲覧を申請することはできるが、結局は文書管理を担当する検察官の裁量となる。この手続きで死刑囚の検事調書が開示され、記事になったケースもあるが、最近はプライバシー保護などを理由になかなか許可されない。

公判では、被告や被害者の個人的な事情も明かされる。にもかかわらず、憲法が裁判の公開を定めているのは、公権力が密室で恣意的に市民を拘束し、処罰してきた歴史への反省があるからだ。多くの欧米諸国では確定記録は裁判所で誰でも閲覧できる。米国にはクレジットカードで手数料さえ払えば、刑事・民事双方の訴訟記録をネット上で閲覧できるシステムがある。そこには個人の名前を含めて黒塗りはまったくない。訴訟記録は国民の共有財産という観点から、よりアクセスしやすい制度に変える必要があるだろう。

あとがき

なぜ私が情報公開制度に興味を持つようになったのか。最後に少しだけ記しておきたい。

25年前、私は毎日新聞の入社試験の面接で「教育や若者の問題に取り組みたい」と言った。小学校から高校にかけての息苦しさが頭にあったからだ。

身体が小さく、内向的だった私にとって、学校は決して居心地のいい場所ではなかった。主導権を握るのはたいがい、明るくて押しの強い級友たちだ。そして、彼らの輪の中でいろいろなことが決められていき、それ以外の人間は何となく合わせていく。露骨に迎合する者も現れる。

そういう集団に自分を合わせるのは苦痛だった。しかし、合わせなければ孤立する。その葛藤に悩まされ続けた12年間だった。ずいぶん後になってから、それを「同調圧力」と呼ぶことを知った。

ところが、記者になってみると、教育の問題だと思っていた同調圧力は、この国のどこを切っても顔を出す根深い問題であることに気づいた。

記者になって最初の10年間のうち、5年半は警察担当だった。それは今も愛憎半ばする仕事である。

警察担当記者の重要な仕事の一つは「夜回り」だ。警察幹部や捜査員の自宅で夜に取材をするのだ。相手の帰宅はたいていてい遅い。必然的に近くで待つことになる。深夜の住宅街で、いつ帰ってくるかも分からない相手を、ただ立って待っているというのは、かなり辛い。不審者として通報され、交番のお巡りさんがやって来たことも何度かある。

なぜ、こんなことをするかというと、最新の捜査情報を聞き出すためだ。昼間、警察署で聞いても、たいがいは「捜査中」といった公式コメントしかもらえない。実際に何がどう進んでいるかを知るには、警察官と個人的に親しくなって教えてもらうしかないのである。

隠されている情報をいち早く入手し、読者に伝えるためだ——と、建前を言えばそういうことになる。しかし、私の中ではモヤモヤしたものが次第に膨らんでいった。会話がどうしても媚びる感じになってしまうのだ。

「どうですか」「野郎、なかなか口を割らねえんだ」「しぶといですねえ」——。警察幹部宅の玄関先で深夜、そんなやり取りを何度もした。もしかしたら、その容疑者は無実だから口を割らないのかもしれない。ちらっとそんな考えが頭をかすめても、口に出すことはなかった。相手の機嫌を損ねたくないからだ。

しばらくこういう取材をしていれば「あんた、よく来てくれるから」などと言って、発表文を1日前にくれたりする人も出てくる。中には「書かないなら○○新聞に言っちゃうよ」などと、リークと同時にプレッシャーをかけてくる狡猾な幹部もいた。

人柄のいい警察官はたくさんいた。しかし、相手が圧倒的に情報を握っていて、それをお願いして分けてもらう、という構造的な上下関係から逃れられない気がした。情報がほしければ取材相手と「仲間」にならなければならない。それが嫌なら情報はもらえない。この葛藤は結局、学校時代と地続きではないのか——。

転機となったのは、新聞の警視庁捜査1課担当から週刊誌「サンデー毎日」に異動したことだった。本書に記したように、2004年の連載で初めて情報公開制度を使い、人脈のないところから当時の石原慎太郎・東京都知事を追及するキャンペーン記事を書いた。

公開情報であっても、料理の仕方次第で社会を動かす力になる。狭い敷地の中で、少ない情報源を争奪するような競争をしていた私たちの外側に、実は手つかずの肥沃な大地が広がっていたのではないか。そして、それは誰に媚びることなく手に入れられるのだ。目から鱗が落ちる思いだった。

欧米では最近「アクセス・ジャーナリズム」という言葉が、否定的なニュアンスで使われている。権力内部の情報を取るため、その中の人物に食い込む（アクセスする）うちに、いつの間にか権力側の考え方に染まってしまったり、リーク情報を報じることで情報操作（スピン）に加担してしまったりして、本来の役割である権力の監視を果たせなくなったジャーナリズムのことを言う。

日本でも同じことが起きてはいないだろうか。新聞・テレビは今も、多くの記者を役所や企業、政党などさまざまな担当先に張り付ける取材体制を維持している。記者たちはそれぞれの守備範囲で内部情報を取ろうと努力する。だが、そうしているうちに、取材相手との関係の維持にエネルギーを注ぐようになり、本来、読者や視聴者に何を伝えなければならないのか、ということを忘れてしまうことも多いように思う。

いくら情報公開制度が発達したとしても、権力内部の人間にアクセスしなければ得られない情報は間違いなくある。私が尊敬するのは、相手との関係を維持しながら、相手に都合の悪いこともきちんと書ける記者である。

ただ、誰もがそういうスーパー記者になれるわけではない。また、公開されている膨大な情報を、ＩＴを駆使して分析し、新事実を浮かび上がらせる「データジャーナリズム」は調査報道の一分野としての地位を世界的に確立しつつある。であるならば、「アクセス」しなくても得られる情報はこれだけある、ということを基礎知識として持っておくだけでも、ものごとの見え方、あるいは取材先との向き合い方はずいぶん違ってくるはずだ。そして、それはジャーナリストに限った話ではない。情報公開制度は、すべての人に開かれているのである。

東京・永田町にある国立国会図書館本館の図書カウンターの上に、「真理がわれらを自由にする」という銘文がギリシャ語と日本語で刻まれている。この図書館の根拠となっている国立国会図書館法の前文に由来するものだ。いい言葉だと思う。

知ることによって私たちは広い視野を得て、正しい判断をすることができる。独善や偏狭から解放される。そういう賢い市民こそが社会を、そして世界を変えられると信じている。

本書のベースになっているのは、すべて記者としての体験である。自分なりの仕事のスタイルを模索することを許してくれる毎日新聞という会社、さらには46歳にして英国に留学するという突飛な決断を「面白い」と許してくれた上司に感謝したい。

英国での10カ月は見るもの聞くもののすべてが新しく、刺激に満ちた日々だった。ロイタージャーナリズム研究所には世界中から同業者が研究員として集まり、国や文化は違っても問題意識や価値観を共有できることを知った。下手な英語のインタビューに付き合ってくれた英国の人たちにも改めてお礼を申し上げたい。

そして、本書をまとめるにあたって的確な助言と編集で美しい新書に仕上げてくださった筑摩書房の石島裕之さんに深く御礼申し上げる。

２０１８年10月

日下部聡

参考文献一覧

アリキヴィ、ラウル／前田陽二『未来型国家エストニアの挑戦　電子政府がひらく世界』、インプレスR&D、2016
石井夏生利『個人情報保護法の現在と未来――世界的潮流と日本の将来像』勁草書房、2014
右崎正博、三宅弘編『情報公開を進めるための公文書管理法解説』日本評論社、2011
北沢義博、三宅弘『情報公開法解説 第2版』三省堂、2003
久保亨、瀬畑源『国家と秘密 隠される公文書』集英社新書、2014
小谷賢『インテリジェンス――国家・組織は情報をいかに扱うべきか』ちくま学芸文庫、2012
阪田雅裕、川口創『「法の番人」内閣法制局の矜持――解釈改憲が許されない理由』大月書店、2014
瀬畑源『公文書をつかう――公文書管理制度と歴史研究』青弓社、2011
立花隆『田中角栄研究――全記録』講談社、1976
千野信浩『図書館を使い倒す！――ネットではできない資料探しの「技」と「コツ」』新潮新書、2005
内閣法制局百年史編集委員会『内閣法制局百年史』内閣法制局、1985

西川伸一『知られざる官庁・内閣法制局――立法の中枢』五月書房、２０００
西川伸一『これでわかった！　内閣法制局――法の番人か？権力の侍女か？』五月書房、２０１３
ブレア、トニー『ブレア回顧録』下、石塚雅彦訳、日本経済新聞出版社、２０１１
松井茂記『情報公開法 第2版』有斐閣、２００３
松井茂記『情報公開法入門』岩波新書、２０００
レペタ、ローレンス『闇を撃つ――Secrecy and the Future of America』石井邦尚訳、日本評論社、２００６
『改訂　逐条解説　公文書管理法・施行令』ぎょうせい、２０１１

Blair, Tony, A Journey, Hutchinson, 2010
Brooke, Heather, Your Right to Know: How to use the Freedom of Information Act and other access laws, Pluto Press, London, 2005
Brooke, Heather, The Silent State: Secrets, Surveillance and the Myth of British Democracy, Random House, 2011
Burgess, Matt, Freedom of Information: A Practical Guide for UK Journalists, Routledge, 2015
Felle, Tom, and Mair, John, FOI 10 Years On: freedom fighting or lazy journalism? Abramis academic publishing, 2015
Hazel, Robert, Worthy, Ben, and Glover, Mark, The Impact of the Freedom of Information Act on

Central Government in the UK: Does FOI Work?, Palgrave Macmillan, 2010

Winnett, Robert, Rayner, Gordon, No Expenses Spared, Transworld, 2010

Worthy, Ben, Freedom of Information and the Media, Routledge Companion to Media and Human Rights (in press), London, Routledge, 2017

Worthy, Ben, and Hazell, Robert, 'Disruptive, Dynamic and Democratic? Ten Years of FOI in the UK', *Parliamentary Affairs*, 70(1), Oxford University Press, January 2017

Worthy, Ben, et al, Town Hall Transparency? : The Impact of the Freedom of Information Act 2000 on Local Government in England, The Constitution Unit, UCL, December 2011

ちくま新書
1366

武器《ぶき》としての情報公開《じょうほうこうかい》
——権力《けんりょく》の「手《て》の内《うち》」を見抜《みぬ》く

二〇一八年一一月一〇日 第一刷発行

著者 日下部聡（くさかべ・さとし）
発行者 喜入冬子
発行所 株式会社 筑摩書房
東京都台東区蔵前二-五-三 郵便番号一一一-八七五五
電話番号〇三-五六八七-二六〇一（代表）
装幀者 間村俊一
印刷・製本 三松堂印刷 株式会社

ISBN978-4-480-07184-2 C0200

ちくま新書

1278 フランス現代史　隠された記憶
――戦争のタブーを追跡する
宮川裕章
第一次大戦の遺体や不発弾処理で住めない村。第二次大戦の対独協力の記憶。見捨てられたアルジェリアのフランス兵アルキ……。等身大の悩めるフランスを活写。

939 タブーの正体！
――マスコミが「あのこと」に触れない理由
川端幹人
電力会社から人気タレント、皇室タブーまで、マスコミ各社が過剰な自己規制に走ってしまうのはなぜか？『噂の眞相』元副編集長がそのメカニズムに鋭く迫る！

1020 生活保護
――知られざる恐怖の現場
今野晴貴
高まる生活保護バッシング。その現場では、いったい何が起きているのか。自殺、餓死、孤立死……。追いつめられ、命までも奪われる「恐怖の現場」の真相に迫る。

1253 ドキュメント 日本会議
藤生明
国内最大の右派・保守運動と言われる「日本会議」。改憲勢力の枢要な位置を占め、国政にも関与してきた。謎めいたこの組織を徹底取材、その実像に鋭く迫る！

1361 徹底検証 神社本庁
――その起源から内紛、保守運動まで
藤生明
八万もの神社を傘下に置き、日本会議とともに保守運動を牽引してきた巨大宗教法人・神社本庁。徹底取材により、内紛から政治運動までその全貌を明らかにする！

1362 沖縄報道
――日本のジャーナリズムの現在
山田健太
オスプレイは「不時着（読売・産経）」したのか「墜落（沖縄紙）」したのか――。沖縄をめぐる報道から、偏向、分断、ヘイトが生まれる構造を解き明かす。

1353 政治の哲学
――自由と幸福のための11講
橋爪大三郎
社会の仕組みを支えるのが政治だ。政治が失敗すると、自由も幸福も壊れかねない。政府、議会、安全保障、年金など、政治の基本がみるみる分かる画期的入門書！